Incentivos Fiscais no Setor Automotivo

Incentivos Fiscais no Setor Automotivo

A EXTRAFISCALIDADE E OS REFLEXOS DA DESONERAÇÃO DO IPI

2019

Cassius Vinicius de Carvalho

ALMEDINA

INCENTIVOS FISCAIS NO SETOR AUTOMOTIVO
A EXTRAFISCALIDADE E OS REFLEXOS DA DESONERAÇÃO DO IPI

AUTOR: Cassius Vinicius de Carvalho
DIAGRAMAÇÃO: Almedina
DESIGN DE CAPA: Roberta Bassanetto
PREPARAÇÃO E REVISÃO: Willians Calazans e Lyvia Felix
ISBN: 978-85-8493-536-9

Dados Internacionais de Catalogação na Publicação (CIP)
(Câmara Brasileira do Livro, SP, Brasil)

Carvalho, Cassius Vinicius de
Incentivos fiscais no setor automotivo : a extrafiscalidade e os reflexos da desoneração do IPI / Cassius Vinicius de Carvalho. – São Paulo: Almedina, 2019.

Bibliografia.
ISBN 978-85-8493-536-9

1. Direito tributário - Brasil 2. Extrafiscalidade 3. Impostos - Isenção 4. Imposto sobre Produtos Industrializados 5. Incentivos fiscais - Brasil 6. Indústria automobilística 7. Política tributária I. Título.

19-30339 CDU-34:336.221:629.3(81)

Índices para catálogo sistemático:
1. Extrafiscalidade e o setor automotivo : Brasil : Direito tributário 34:336.221:629.3(81)
Maria Paula C. Riyuzo - Bibliotecária - CRB-8/7639

Este livro segue as regras do novo Acordo Ortográfico da Língua Portuguesa (1990).

Outubro, 2019

EDITORA: Almedina Brasil
Rua José Maria Lisboa, 860, Conj.131 e 132, Jardim Paulista | 01423-001 São Paulo | Brasil
editora@almedina.com.br
www.almedina.com.br

Desistir... eu já pensei seriamente nisso, mas nunca me levei realmente a sério; é que tem mais chão nos meus olhos do que o cansaço das minhas pernas, mais esperança nos meus passos, do que a tristeza nos meus ombros, mais estrada no meu coração do que medo na minha cabeça.

Cora Coralina

Dedico esta obra aos meus pais, a toda a minha família e, em especial, a Tatiana e a Ana Luísa. Sem vocês, nada disso faria sentido

AGRADECIMENTOS

De início, eu agradeço à Escola de Direito de São Paulo, da Fundação Getúlio Vargas, por ter me concedido a oportunidade de cursar o Mestrado Profissional em Direito Tributário.

Também agradeço aos meus colegas de curso, pelas experiências compartilhadas e aos competentíssimos professores, que não mediram esforços para compartilhar conhecimento e elevar o nível dos debates em sala. Um agradecimento especial aos Professores Roberto Quiroga Mosquera, José Maria Arruda de Andrade e Ana Claudia Ballei Ferreira, que, juntamente com a minha Professora orientadora Elidie Palma Bifano, integraram a minha banca examinadora.

A Professora Elidie Palma Bifano. Sem delongas, ela foi, é e (sempre) será a pessoa mais importante e influente em minhas vidas profissional e acadêmica. Eu agradeço a Deus por ter tido a ventura de desfrutar da convivência da Professora Elidie por tantos anos.

Eu agradeço à Deloitte, que meu deu a primeira oportunidade profissional em 1994, ainda na área de auditoria. À PwC, que, por quase vinte anos, foi a minha casa e cujo sobrenome (ex-PwC) eu carrego com tanto orgulho. Ao Garrigues, por ter me aberto novos horizontes profissionais e por me fazer aprender tanto.

Um agradecimento especial aos amigos Amanda Pereira, Bruno Rebouças, Emerson Chenta, Mariana Perim e Roberto Cunha, cujas observações aos originais tanto contribuíram para o resultado final da minha pesquisa.

Por fim, a todos os demais profissionais que passaram pela minha vida e que deixaram comigo um pouco de suas marcas.

PREFÁCIO

Pede-me Cassius Vinicius de Carvalho que escreva o prefácio de seu livro *Incentivos fiscais no setor automotivo: a extrafiscalidade e os reflexos da desoneração do IPI*, fruto de sua dissertação no Mestrado Profissional da Escola de Direito de São Paulo da Fundação Getulio Vargas (FGV DIREITO SP). Como é tradição nos meios acadêmicos, pede-se ao professor orientador que se incumba do prefácio das obras de seus alunos que lograram obter grau suficiente à publicação, o que, diga-se, não é fácil. Escrever o prefácio de uma obra é, sempre, uma tarefa que engrandece o professor, pois o sucesso de seus orientandos também é o seu sucesso. Entretanto, no caso de Cassius há detalhes que retiram da simples designação automática do orientador a honrosa tarefa de redigir o prefácio.

Conheci Cassius na segunda metade da década de 1990, como assistente em PricewaterhouseCoopers (PwC), integrado que foi à minha equipe nos trabalhos de privatização, na verdade, venda, da participação societária da União nas empresas de telecomunicação. O ambiente em torno da privatização era de uma verdadeira babel, com pessoas vindas de todas as partes do mundo, pois se dizia que era o negócio do século e, entendo, assim o foi. Apesar de muito jovem e pouco experiente nessas lidas, Cassius tornou-se meu companheiro inseparável, tudo querendo aprender e ajudar. Sua presença atenta mostrava-se muito cedo e afastava-se tarde da noite: era o último a deixar o trabalho, sempre a meu lado. Dessa época em diante trabalhamos por quase quinze anos juntos, até o momento em que saí de PwC, e ele tornou-se sócio, por seus merecimentos.

Quando decidiu fazer o Mestrado Profissional, novamente nos aproximamos, pois me tornei sua orientadora. A escolha do tema não era fácil, tantas foram as experiências profissionais que Cassius adquirira ao longo de sua vida. Como ele havia atuado em projetos voltados a montadoras, inclusive comigo, surgiu o tema que muito se discute: a extrafiscalidade e o setor automotivo. Dessa maneira, pudemos, Cassius e eu, novamente, navegar na matéria empresarial juntos, porém com a convicção de que deveríamos deixar uma marca, atendendo às premissas de nosso Mestrado Profissional da FGV DIREITO SP: apresentar estudos e técnicas que permitam a qualificação de profissionais de alto nível, que atendam às exigências do mercado, logo, às necessidades de empresas e do poder público.

A apresentação da dissertação de Cassius foi feita para banca examinadora composta dos professores doutores Roberto Quiroga Mosquera e José Maria Arruda de Andrade, pela Dra. Ana Claudia Ballei Ferreira, como especialista representante do mercado voltado a montadoras, e por mim, como orientadora. À unanimidade, a banca percebeu a originalidade e a profundidade do trabalho; percebeu, especialmente, a coragem de Cassius que, para se certificar de que os benefícios concedidos nem sempre atingem os objetivos pretendidos, compilou decisões do Tribunal de Contas da União (TCU): trabalho de mestre, visto que, em matéria de discussão científica, as afirmativas devem ser provadas.

De forma breve, apenas para despertar a curiosidade dos leitores, Cassius se propôs a contribuir com o estudo prático, o que é muito relevante, considerando o propósito do Mestrado Profissional, da extrafiscalidade no direito tributário brasileiro, a partir das medidas extrafiscais adotadas pelo poder público no âmbito do setor automotivo, para o período compreendido de 2009 a outubro de 2017. A sua principal busca tem o objetivo de detectar o nível de efetividade das normas preponderantemente extrafiscais, que deram fundamento à desoneração do setor automotivo no período, no que tange ao Imposto sobre Produtos Industrializados (IPI). Perpassando a visão histórica do instituto, trata das diversas teorias voltadas à intervenção do Estado, no que se refere à extrafiscalidade, para, a partir daí, cuidar de seus critérios de controle, sem olvidar do setor automotivo e de sua importância no desenvolvimento econômico brasileiro.

O tema da extrafiscalidade é dos mais relevantes no Brasil e vem sendo usado, ao longo do tempo, para introduzir políticas de desenvolvimento nacional. Incentivar condutas com o fito de eliminar distorções econômicas no país e, assim, eliminar ou minimizar diferenças entre pessoas é, certamente, de fundamental importância. Contudo, as conclusões obtidas por Cassius parecem demonstrar que as normas preponderantemente extrafiscais não surtiram, na maior parte das vezes, os efeitos pretendidos pelo poder público.

No que tange ao setor automotivo, em especial, aponta objetivos nunca alcançados, como geração de emprego, por exemplo, associados a reflexos discutíveis, como é o caso da mobilidade urbana e do controle de agentes de poluição, que operam na contramão de tais concessões.

Trata-se de uma obra de excelência, que conseguiu reunir todos os aspectos pesquisados de modo uniforme e agradável, tarefa muitas vezes esquecida pelos autores, mas que permite saborear, ao final, mais um pouco do estudo produzido.

Assim, convidando os leitores a adentrar na obra de Cassius, deixo registrado que esta obra é pioneira, pelo tema, pelo enfoque e pela coragem de seu autor. O estudo sério e profundo da extrafiscalidade se impõe, considerando os danos que hoje já se computam que o seu mal uso acarreta.

A obra de Cassius já se integra como essencial na bibliografia daqueles que estudam quer o tema da extrafiscalidade quer a extrafiscalidade aplicada ao setor automotivo.

Elidie Palma Bifano

Doutora em Direito pela Pontifícia Universidade Católica de São Paulo (PUC-SP). Mestrado em Direito pela PUC-SP e graduação em Ciências Jurídicas e Sociais pela Universidade de São Paulo (USP). Professora do Curso de Mestrado Profissional e do Curso de Especialização da Escola de Direito de São Paulo da Fundação Getulio Vargas (FGV DIREITO SP) e professora do Instituto Brasileiro de Estudos Tributários (IBET).

SUMÁRIO

INTRODUÇÃO

A intervenção do Estado na economia e na vida social não é tema novo, tendo sido objeto de estudo em diferentes campos do conhecimento (Direito, Economia, História e Ciências Sociais), cada um com uma perspectiva própria. Nesse contexto, diferentes teorias intervencionistas foram desenvolvidas e, até hoje, têm sido objeto de pesquisa e debate, principalmente em relação a quais devem ser os limites da atuação do poder público na esfera privada.

Como elucida Carvalho (1999, p. 2), "a intervenção ativa e continuada do Estado na economia tornou-se um aspecto essencial das economias capitalistas modernas pelo menos desde o final da Segunda Grande Guerra". Por certo, a aptidão do Estado em intervir na economia e na vida social ganhou complexidade e relevância com o afloramento do fenômeno da globalização, que não é recente,[1] mas que se intensificou a partir da segunda metade do século XX, no período pós-guerra. Segundo Held,[2] a

[1] De acordo com Silva e Antunes Filho, "Quanto ao surgimento do mundo globalizado, encontramos diversas posições na literatura sobre a origem desse processo, não havendo uma posição uníssona sobre o tema. Dessa maneira, alguns doutrinadores baseiam-se no sentido de que a globalização é um fenômeno recente, que remonta a década de 70. Porém, outros entendem ser esse fenômeno bem mais antigo, com origem no século XVI, quando se iniciam as grandes navegações pelo mundo". SILVA, Juliana Giovanetti Pereira da; ANTUNES FILHO, Apolo. O fenômeno da globalização e a sua origem. *In*: MOSTRA ACADÊMICA DA UNIMEP, CONGRESSO DE PÓS-GRADUAÇÃO, 12.; 2014, Piracicaba-SP. *Resumo simplificado*. Piracicaba-SP: Unimep, 2014. Disponível em: http://www.unimep.br/phpg/mostraacademica/anais/12mostra/8/337.pdf. Acesso em: 20 out. 2017.

[2] HELD, David. Global transformations: politics, economics and culture. Cambridge: Polity Press, 1999 apud CAMPOS, Luís; CANAVEZES, Sara. *Introdução à globalização*. Lisboa: Instituto

globalização: "É uma força condutora central por trás das rápidas mudanças sociais, políticas e econômicas, que estão a remodelar as sociedades modernas e a ordem mundial".

Com o advento da Constituição da República Federativa do Brasil de 1988 (CF/1988), o Brasil adotou um modelo de Estado intervencionista, no qual se busca a preservação de valores constitucionalmente previstos a partir da atuação conjunta entre o Estado e os particulares. De acordo com as lições de Streck e Morais (2010, p. 74):

> [...] a concepção da separação entre o econômico e o político não tem como subsistir. Como já dito, a própria existência do Estado e da ordem jurídica significa uma intervenção: o Estado e a ordem jurídica são pressupostos inerentes à economia.

É nessa perspectiva que a tributação ganha papel de destaque, ao representar um instrumento dinâmico colocado na mão do Estado na busca pelos interesses da coletividade, com a fiscalidade e a extrafiscalidade caminhando lado a lado, cada qual dentro do seu campo de atuação.

Esse cenário impôs a necessidade de uma postura ativa por parte do Estado na gestão responsável da coisa pública, além de demonstrar que a fenomenologia tributária não pode ser compreendida somente como sinônimo de arrecadação, mas também como instrumento de regulação de condutas, a partir do qual se materializam a função alocativa e distributiva.

Considerações metodológicas

Esta obra é uma adaptação da dissertação de Mestrado apresentada à FGV DIREITO SP. A presente pesquisa propôs-se a contribuir com o estudo prático da extrafiscalidade no direito tributário brasileiro, com foco nas medidas extrafiscais adotadas pelo poder público no âmbito do setor automotivo, para o período compreendido de 2009 a outubro de 2017.

Posteriormente à finalização e à apresentação do trabalho à banca examinadora, foi introduzido o denominado Programa Rota 2030,[3] além de outras alterações legislativas que modificaram os cenários jurídico-tributário e econômico sobre os quais o trabalho foi desenvolvido. Em função

Bento Jesus Caraça/Departamento de Formação da CGTP-IN, 2007, p. 13. Disponível em: https://dspace.uevora.pt/rdpc/bitstream/10174/2468/1/Introdu%C3%A7%C3%A3o%20%C3%A0%20Globaliza%C3%A7%C3%A3o.pdf. Acesso em: 20 out. 2017.

[3] Por meio da Medida Provisória (MP) n. 843/2018, convertida na Lei n. 13.755/2018.

da especificidade do tema, optou-se por manter o recorte temporal à época considerado (2009 a outubro de 2019), de modo a não descaracterizar o trabalho e suas conclusões.

Por fim, destaca-se que a metodologia adotada para o desenvolvimento do trabalho não considerou a tentativa de obtenção de informações do setor público a partir da Lei de Acesso à Informação.[4]

Justificativa do tema

O tema proposto – *Incentivos fiscais no setor automotivo: a extrafiscalidade e os reflexos da desoneração do IPI* – é relevante e deriva, também, da experiência profissional vivida na área de consultoria tributária junto a empresas pertencentes ao setor automotivo.

Adicionalmente, pode-se destacar o seguinte:

i) a extrafiscalidade representa um dos principais instrumentos colocados à disposição do poder público para a intervenção na economia e na vida social;

ii) os reflexos das normas preponderantemente extrafiscais são observados na iniciativa privada a partir de estímulos ou desestímulos a determinados comportamentos.
É a partir da utilização desse instituto que o poder público tem tentado estimular o desenvolvimento do setor automotivo, mais especificamente por meio da concessão de desonerações tributárias, com ou sem a exigência de contrapartidas para os contribuintes;

iii) por fim, o setor automotivo, como poderá ser verificado ao longo desta obra, é dos mais representativos na economia brasileira, sendo responsável pela geração de parcela importante da riqueza nacional.

A partir da análise prática dos reflexos da extrafiscalidade para o setor automotivo, procurou-se analisar se os objetivos inicialmente almejados pela norma indutora foram atingidos, como descrito a seguir.

Problema

À luz do exposto, foram propostas as seguintes questões, que aqui se traduzem nos problemas de ordem prática desta pesquisa, e que aqui se pretende enfrentar:

[4] Lei n. 12.527/2011 e legislação correlata.

i) O instituto da extrafiscalidade atingiu os objetivos almejados pelo poder público para o caso em exame; mais especificamente, em relação ao pacote de concessões tributárias que foi concedido pelo poder público para estimular o setor durante os anos de 2009 e outubro de 2017?

ii) A partir da resposta da questão acima, pode-se afirmar que as normas preponderantemente extrafiscais que suportaram as desonerações tributárias em referência foram efetivas? Podem ser indicados critérios que balizem, de forma objetiva, essa resposta?

iii) Existem outros aspectos que poderiam ter sido abarcados pelos programas de desoneração concedidos pelo poder público ao setor automotivo para o período analisado e que não o foram?

A partir do desenvolvimento da pesquisa e da análise dos problemas propostos, foram feitas recomendações para o poder público e para o setor privado, como forma de contribuir para a reflexão prática acerca do instituto e dos seus correspondentes reflexos.

Nesse contexto, destaque-se que as análises que suportaram os comentários e conclusões aqui presentes estiveram circunscritas até o mês de outubro de 2017. Com efeito, eventuais alterações legislativas ocorridas após esse período, bem como quaisquer dados produzidos, não foram considerados nesta pesquisa.

Tipo de pesquisa

Relativamente à finalidade, a pesquisa é aplicada, uma vez que se procurou produzir conhecimento voltado à prática, com recomendações objetivas e que podem ser úteis às partes envolvidas (poder público e particular). Do ponto de vista do seu objetivo, teve caráter exploratório, ao contribuir para o estudo científico do tema, a partir da compilação, consolidação e análise de documentos e informações.

Em relação aos procedimentos, a presente pesquisa foi realizada com base em levantamento bibliográfico e não bibliográfico de estudos jurídicos e extrajurídicos, que foram posteriormente analisados.

Organização do texto

Com o intuito de atingir os objetivos propostos, esta obra está organizada em seis capítulos, além da conclusão. Esta introdução se presta a apresentar o tema e a circunscrever o escopo da pesquisa.

Nesta obra, buscou-se realizar uma aproximação entre a teoria tributária e a realidade concreta, voltando-se à análise dos reflexos de determinados incentivos fiscais no setor automotivo, no contexto pós-crise de 2008. Diante dos desafios enfrentados pelo setor automotivo, mesmo após a concessão de benefícios governamentais, foi instigado o questionamento quanto à eficiência (ou não) da intervenção estatal na economia, por intermédio de medidas preponderantemente extrafiscais.

Para análise da questão foi necessária a realização de estudo prévio, embasado em pesquisa bibliográfica multidisciplinar, principalmente no âmbito da Economia, História e Ciências Sociais, que possibilitasse o aprofundamento das questões enfrentadas.

Inicialmente, estudaram-se as situações em que o Estado tem autorização para intervir na economia e na vida social dos cidadãos, motivo esse que nos levou a estudar o tratamento que a CF/1988 confere ao tema, estudo esse consolidado no Capítulo 1.

No Capítulo 1, a pesquisa buscou compreender a atuação do Estado como agente interventor na economia e na vida social do particular, a partir das diferentes modalidades de intervenção estatal e suas características. Para o desenvolvimento do capítulo, foi realizada pesquisa doutrinária, possibilitando o aprofundamento de questões predominantemente teóricas e conceituais que embasaram a pesquisa. Também foram estudados os objetivos constitucionais que possibilitam ao Estado intervir e, em contrapartida, limitam o agir estatal.

Contextualizado o tema autorizativo da utilização da extrafiscalidade como instrumento a serviço do Estado, buscou-se maior aprofundamento em questões doutrinárias relacionadas com o instituto objeto da pesquisa – a extrafiscalidade. Uma vez que o primeiro capítulo objetivou abordar as razões que possibilitariam ao Estado agir de modo interventivo, o segundo capítulo buscou abordar a extrafiscalidade como importante instrumento para o alcance dos objetivos desejados.

No Capítulo 2, propôs-se a abordar a extrafiscalidade como conceito jurídico, o seu regime jurídico e a competência dos entes federados para a utilização desse instrumento. Adicionalmente, discorreu-se sobre a necessidade da extrafiscalidade observar os princípios e as limitações constitucionais ao poder de tributar. O capítulo foi elaborado de modo a possibilitar maior detalhamento do tema, dando ênfase à conceituação do instituto. Em que pese a extrafiscalidade ter sido apresentada como importante instrumento para a conquista dos objetivos constitucionais, buscou-se abordar, paralelamente, questões que limitavam ou controlavam a sua utilização.

Passado esse ponto, entendeu-se relevante o estudo das isenções, imunidades e incentivos fiscais, instrumentos esses de fundamental importância para o entendimento no contexto da materialização da extrafiscalidade. A partir daí, o tema foi abordado na perspectiva do direito financeiro, mais especificamente, do ponto de vista da Lei de Responsabilidade Fiscal (LRF), além de alguns apontamentos econômicos.

No Capítulo 3, foram abordadas as espécies de normas tributárias indutoras (imunidade, incentivos, isenções e tributos com natureza essencialmente indutora). Além disso, no mesmo capítulo, a extrafiscalidade foi percorrida sob a perspectiva do direito financeiro, seja na hipótese de renúncia de receita, seja na hipótese de destinação de recursos públicos para o setor privado. Ademais, o Capítulo 3 traz uma abordagem inicial acerca de aspectos econômicos aplicáveis ao instituto da extrafiscalidade.

O Capítulo 4 foi dedicado à análise dos instrumentos de controle da extrafiscalidade, além de perpassar por algumas manifestações do Supremo Tribunal Federal (STF) e dos Tribunais de Contas (TC) acerca da norma indutora tributária (pesquisa jurisprudencial). Também, o capítulo em referência propôs-se a trazer uma visão da extrafiscalidade no âmbito do direito comparado.

Realizados os apontamentos que envolvem perspectivas mais voltadas para análise doutrinária, buscou-se introduzir o tema no plano concreto, seguindo a proposta do Mestrado Profissional.[5]

Iniciou-se a análise dos incentivos fiscais concedidos ao setor automotivo, destacando que, como poderá ser verificado no Capítulo 5, o seu desenvolvimento, em muitos momentos, esteve pautado em desonerações tributárias. O setor automotivo foi escolhido como foco de abordagem em razão de sua representatividade na geração da riqueza brasileira. Como recorte do objeto da pesquisa, foi delimitado o Imposto sobre Produtos Industrializados (IPI), o tributo que, historicamente, mais tem sido utilizado pelo poder público para incentivar e/ou desincentivar condutas no âmbito do setor.

O Capítulo 5 traz o histórico do setor automotivo brasileiro e algumas tentativas estatais de intervenção, além de breves notas sobre a sistemática de apuração do IPI.

[5] Regulado pela Portaria Normativa n. 17/2009.

Uma vez contextualizada a extrafiscalidade e sua utilização no setor automotivo, passou-se à análise que pudesse englobar todos os pontos até então estudados, sob um viés prático, proporcionando que esta obra possa auxiliar operadores do Direito que, direta ou indiretamente, convivam com as repercussões práticas da extrafiscalidade em suas vidas profissionais.

O Capítulo 6 tratou das desonerações de IPI no setor automotivo, a partir da crise mundial de 2008, até o ano de 2017 (outubro). Esse período foi recortado em três ciclos econômicos, em função de suas respectivas especificidades. Cada ciclo analisado foi contextualizado em função do seu momento histórico. A partir daí, foram incluídos apontamentos de natureza tributária, econômica e social, sob a perspectiva da extrafiscalidade, além da visão do TCU sobre cada um dos ciclos. Posteriormente, foram feitos comentários genéricos, aplicáveis aos três ciclos, sob o prisma do meio ambiente, mobilidade urbana e manutenção dos postos de trabalho.

Objetivou-se analisar o nível de efetividade[6] da norma indutora, tomando como base os seguintes parâmetros:

i) se a norma indutora é clara em relação aos seus objetivos;

ii) se foi realizado (ou evidenciada a realização) de estudo econômico e financeiro prévio para subsidiar a edição da norma predominantemente extrafiscal, sob a perspectiva do instituto de renúncia de receita previsto na LRF e se este se encontra disponível para consulta pública;

iii) se foram identificadas evidências no sentido de que os reflexos das desonerações de IPI concedidas ao setor automotivo estavam sendo monitoradas pelo Governo Federal, com intuito de realizar eventuais ajustes e/ou ações complementares, para a busca dos objetivos originalmente almejados;

iv) se houve evidências de que os estudos realizados antes da edição das respectivas normas indutoras levaram em consideração a repartição de receitas aos Estados e municípios, nas hipóteses previstas na CF/1988;

[6] De acordo com as lições de Ferraz Júnior (2016, p.122), "a concepção de efetividade que apresentamos, afasta-se, sem dúvida, das concepções que relacionam imediatamente efetividade e cumprimento real da norma, caso em que a efetividade é, antes, uma relação – semântica – entre o comportamento exigido pela norma e a regularidade do comportamento real".

v) se o poder público evidenciou estudo quanto aos resultados práticos das desonerações tributárias concedidas ao setor e se eles mostram que os objetivos inicialmente almejados foram atingidos;

vi) por fim, se existem outros aspectos que poderiam ser considerados no bojo das desonerações tributárias (ou programas de desoneração) concedidos pelo poder público ao setor automotivo.

Apesar de as datas dos relatórios do TCU, em algumas situações, não coincidirem com os recortes temporais dos três ciclos econômicos, os comentários e as conclusões constantes naqueles documentos foram aproveitados, sempre que julgado pertinente.

Passa-se, a partir de agora, a discorrer sobre a intervenção estatal no contexto da extrafiscalidade.

1
A Intervenção Estatal no Contexto da Extrafiscalidade

1.1. A Constituição Federal de 1988 e a Proclamação do Estado Democrático de Direito

A promulgação da CF/1988 foi precedida por um período de 21 anos de ditadura militar,[7] período este marcado pelo cerceamento de direitos fundamentais individuais e coletivos. Uma característica acentuada dos regimes ditatoriais, e que não foi diferente na ditadura brasileira, é o autoritarismo exacerbado com intervenção abusiva do Estado na vida dos cidadãos.[8]

Com o advento da Constituição Cidadã,[9] a sociedade civil, por meio dos seus representantes, respondeu a esse período de medo e intensa mitigação de direitos. A então nova Carta Constitucional, por um lado, impôs uma

[7] Em artigo sobre o tema, Bechara e Rodrigues ensinam que: "A ditadura militar foi um período de repressão e violência que durou 21 anos. Diferentemente de outros regimes de exceção latino-americanos, no Brasil fez-se uso dos chamados Atos Institucionais, utilizados para legislar pelas forças armadas, mantendo uma aparência de legalidade". BECHARA, Gabriela Natacha; RODRIGUES, Horácio Vanderlei. Ditadura militar, atos institucionais e Poder Judiciário. *Justiça do Direito*, Passo Fundo, v. 29, n. 3, p. 587-605, set./dez. 2015.

[8] KALINOSKI, Sandra de Fátima. *As cicatrizes da censura*: memória, melancolia e fragmentação na ficção brasileira pós-64. 2011. 160 f. Dissertação (Mestrado em Letras) – Universidade Regional Integrada Alto Uruguai e das Missões, Frederico Westphalen, 2011. Disponível em: http://www.fw.uri.br/NewArquivos/pos/dissertacao/20.pdf. Acesso em: 9 jul. 2017.

[9] A expressão "Constituição Cidadã" foi dada por Ulysses Guimarães, Presidente da Assembleia Nacional Constituinte que a produziu, devido à ampla participação popular em sua elaboração e pelo fato de o texto constitucional voltar-se para a plena realização da cidadania. SILVA, José Afonso da. *Curso de direito constitucional positivo*. 32. ed. São Paulo: Malheiros, 2009, p. 90.

diferente atitude do Estado na forma de se relacionar com os cidadãos e a coletividade, ao estabelecer garantias[10] individuais diante do agir estatal. Por outro lado, determinou também que o Estado agisse ativamente para a concretização das diretrizes nela elencadas, conforme será abordado em maior profundidade no decorrer do capítulo.

O poder constituinte não vislumbrou um Estado de atuação neutra, pelo contrário, mostrou-se inconformado com a situação socioeconômica brasileira e, visando a mudanças, traçou diretrizes para a busca de uma nova realidade, a serem trabalhadas em conjunto pelo Estado e pela sociedade.[11]

Nessa perspectiva, a tributação, que já era tema relevante, teve o seu espectro ampliado, passando a representar um instrumento dinâmico colocado à disposição do Estado na busca dos interesses da coletividade. Com isso, possibilitou-se que as diretrizes traçadas pelo constituinte fossem efetivamente alcançadas, na busca de um equilíbrio harmônico entre as funções arrecadatória, distributiva e alocativa do tributo.

Essa busca por equilíbrio impôs a necessidade de ações efetivas por parte do Estado em relação à matéria tributária, tendo em vista que a utilização do tributo, exclusivamente com base na função fiscal (arrecadatória), não se mostrou suficiente para a transformação da ordem social que representava um dos objetivos primeiros do legislador constituinte.

A CF/1988 demonstrou preocupação com o meio social e, objetivando mudanças, trouxe a proposta de uma nova atitude do Estado, mais intervencionista na esfera econômica e, também, mais distante do modelo libe-

[10] Tais garantias podem ser exemplificadas nos direitos de 1ª dimensão previstos no art. 5º da CF/1988 – os chamados "direitos de liberdade" –, que determinam um "não fazer" estatal. Após o período de ditadura em que a sociedade brasileira vivenciou a redução ou até mesmo a supressão de uma enorme gama de direitos, o constituinte estabeleceu expressamente que direitos fundamentais não podem ser violados pela intervenção estatal –, por isso esses direitos significam um "não fazer" por parte do Estado. Assim, entendemos que os deveres decorrentes do art. 5º da Lei Maior têm como destinatário muito mais o poder público e seus agentes, em qualquer nível, do que propriamente os indivíduos em particular, como bem delimita José Afonso da Silva. SILVA, *op. cit.*, 2009, p. 196.

[11] Nesse particular, vale a pena lembrar das normas de eficácia programática, que são "aquelas normas constitucionais através das quais o constituinte, em vez de regular, direta e imediatamente, determinados interesses, limitou-se a traçar-lhes os princípios para serem cumpridos pelos seus órgãos (legislativos, executivos, jurisdicionais e administrativos), como programas das respectivas atividades, visando a realização dos fins sociais do Estado". SILVA, José Afonso da. *Aplicabilidade das normas constitucionais*. 3. ed. São Paulo: Malheiros, 1998, p. 138.

ral clássico. Nesse âmbito, emerge a importância do direito tributário e da extrafiscalidade (finalidade do tributo além da arrecadatória)[12] como instrumentos a serem utilizados pelo Estado para a concretização das diretrizes constitucionais no meio social, para que as intenções do constituinte não sejam meramente formais, não conduzindo a mudanças no plano concreto.[13]

Para uma adequada contextualização do tema, serão percorridos os diferentes ideais ideológicos que permeiam o texto constitucional em diferentes aspectos, coexistindo em conteúdo, e que de alguma forma regulam a intervenção do Estado *lato sensu* na vida social e, por consequência, na economia.

1.1.1. O Liberalismo

Com inspiração na revolução francesa, o liberalismo teve como um dos seus principais fundamentos a liberdade no exercício de direitos individuais e coletivos. Não é à toa que o seu mote foi o *laissez faire, laissez passer*,[14] referindo-se à liberdade de cada indivíduo em relação ao Estado, tendo este limitado a sua atuação ao menor índice de interferência possível na vida social.[15]

Um dos principais defensores da ideologia liberal foi Smith, que, em sua obra *A riqueza das nações*, sustenta que a intervenção do Estado deve ser mínima, tendo em vista que interferências externas no mercado resultam em ineficiências, razão pela qual se deve primar pela livre concorrência. Smith entende que não é necessária qualquer interferência na Economia,

[12] Apesar de não ser objeto desta obra, é importante destacar que o conceito de extrafiscalidade não se confunde com o conceito de parafiscalidade. De acordo com Ataliba, parafiscalidade pode ser conceituada como "a instituição de tributos, em favor de pessoas diversas do Estado, arrecadados por ela próprias". ATALIBA, Geraldo. Regime constitucional da parafiscalidade. *Revista de Direito Administrativo*, São Paulo, v. 86, p. 16-33, 1966. Disponível em: http://bibliotecadigital.fgv.br/ojs/index.php/rda/article/view/29113/27963. Acesso em: 21 out. 2017.

[13] Conforme Marcelo Neves, a Constituição Simbólica é muitas vezes usada como álibi para que o Estado se exima da responsabilidade pelo não cumprimento de um texto constitucional que, apenas na aparência, apresenta soluções para problemas sociais, transferindo a culpa para a sociedade desorganizada, valendo-se da justificativa de que a concretização dos objetivos constitucionais se dará em um futuro remoto e incerto. NEVES, Marcelo. *A constitucionalização simbólica*. São Paulo: Acadêmica, 1994, p. 92-95.

[14] Deixe estar, deixe passar (tradução livre).

[15] FARIA, Luiz Alberto Gurgel de. *A extrafiscalidade e a concretização do princípio da redução das desigualdades regionais*. São Paulo: Quartier Latin, 2010, p. 65.

por parte do Estado, visto que a luta competitiva de cada indivíduo pelos seus próprios interesses e pelo atingimento dos próprios lucros resultaria, por si só, no desenvolvimento econômico. Para o autor, "a mão invisível"[16] seria responsável por regular o mercado sem a necessidade de atuação de forças externas, sendo esse mecanismo apto a harmonizar o interesse individual de cada um dos seus operadores com o interesse geral de todos.[17]

O liberalismo influenciou pontos relevantes da CF/1988 que preservam a relação entre o indivíduo e o Estado. Exemplo clássico dessa presença no texto constitucional é o direito de propriedade,[18] dentre outros que podem ser identificados em diversos dispositivos da nossa Lei Maior. Em especial, o art. 5º (Título II – Dos Direitos e Garantias Fundamentais, Capítulo I – Dos Direitos e Deveres Individuais e Coletivos) representa uma garantia inequívoca dos direitos de liberdade individual contra a intervenção do Estado, direitos esses protegidos por cláusula pétrea (art. 60, § 4º, da CF/1988), não podendo sequer sofrer reduções nem por intermédio de emenda constitucional.

Tais direitos[19] caracterizam-se pela exigência de uma atuação negativa por parte do Estado, ou seja, um não fazer, um não lesar.[20] Sarlet (2014, p. 42-43) leciona que:

[16] Mecanismo regulador do mercado.

[17] Faria, *op. cit.*, p. 64.

[18] Pode-se verificar esse caráter absoluto do direito de propriedade na concepção da Declaração dos Direitos do Homem e do Cidadão de 1789, na qual o exercício de tal direito não estaria limitado senão na medida em que "ficasse assegurado aos demais indivíduos o exercício de seus direitos". Tal Declaração é um reflexo de sua época, ou seja, documento marcante do Estado liberal, pautado no individualismo consagrador da liberdade dos indivíduos, protegendo-os do Estado e não se preocupando, por exemplo, com a liberdade de associação ou liberdade de reunião. Silva, *op. cit.*, 2009, p. 158.

[19] Os direitos ora tratados são conhecidos pela doutrina como direitos de 1ª geração (dimensão). A consagração de tais direitos garante aos indivíduos que terão seus direitos individuais resguardados, não podendo eles ser reduzidos por abusos e excessos estatais.

[20] Inclusive Bobbio menciona que a liberdade pessoal é, historicamente, "o primeiro dos direitos a ser reclamado pelos súditos de Estado e a obter proteção". Porém o autor enfatiza que devemos diferenciar a liberdade pessoal de os outros direitos naturais: a primeira seria o fundamento do Estado de direito, enquanto os segundos são os pressupostos do Estado liberal, tendo em vista o possível excesso ou abuso de poder por parte do Estado, limitando-o em razão do reconhecimento das liberdades civis. BOBBIO, Norberto. *A era dos direitos*. Rio de Janeiro: Elsevier, 2004, p. 111-112.

> Os direitos fundamentais, ao menos no âmbito de seu reconhecimento nas primeiras Constituições escritas, são o produto peculiar do pensamento liberal-burguês do século XVIII, demarcando cunho individualista, surgindo e afirmando-se como direitos do indivíduo frente ao Estado, mais especificamente como direitos de defesa, demarcando uma zona de não intervenção do Estado e uma esfera de autonomia individual em face de seu poder. São, por esse motivo, apresentados como direitos de cunho "negativo", uma vez que dirigidos a uma abstenção, e não a uma conduta positiva por parte dos poderes públicos, sendo, neste sentido, "direitos de resistência ou de oposição perante o Estado".

Sob a perspectiva tributária, o Estado liberal manifesta-se em uma série de princípios que norteiam a atividade estatal em matéria fiscal e que representam garantias invioláveis dos contribuintes. Como exemplo, pode-se mencionar os princípios da taxatividade dos tributos (art. 150, I), legalidade (art. 150, I), anterioridade (art. 150, III, *b*, da CF/1988), anterioridade nonagesimal (art. 150, III, *c*, da CF/1988), não confisco (art. 150, IV), etc., que representam limitações ao ente tributante e proteção ao contribuinte.[21]

Alguns desses princípios, que norteiam o direito tributário, são próprios da atividade extrafiscal, ou seja, do uso da competência tributária para fins não arrecadatórios, tema que é objeto desta obra e que será abordado em mais detalhes a partir do Capítulo 2.

Além de traços do modelo liberal, já comentados, a Carta de 1988 também contém algumas características do socialismo e de atuação estatal intervencionista, que a partir de agora passam a ser expostas.

1.1.2. O Socialismo

A realidade brasileira demonstra fortes indicadores de desigualdade socioeconômica, estando o Brasil dentre os países mais desiguais do mundo.[22]

[21] MENDES, Guilherme Adolfo dos Santos. *Extrafiscalidade:* análise semiótica. 2009. 319 f. Tese (Doutorado em Direito) – Faculdade de Direito do Largo de São Francisco, Universidade de São Paulo, São Paulo, 2009, p. 103.

[22] Segundo o Relatório de Desenvolvimento Humano (RDH), elaborado pelas Nações Unidas, o Brasil é o décimo país mais desigual do mundo. Tal relatório utilizou como referência o Índice de Gini, para calcular a disparidade de renda. CORRÊA, Marcelo. Brasil é o 10º país mais desigual do mundo. *O Globo*, Rio de Janeiro, 21 mar. 2017. Disponível em: https://oglobo.globo.com/economia/brasil-o-10-pais-mais-desigual-do-mundo-21094828#ixzz4mqCIOKEY. Aces-

Atentando-se a essa realidade, o constituinte originário preocupou-se também em estabelecer diretrizes para o Estado no âmbito social, fato esse que reforça que o liberalismo não é a única ideologia presente na Carta de 1988.[23] Nesse sentido, elucida Ferraz (2009):

> Encontramo-nos em pleno período de forte influência tanto das doutrinas intervencionistas, como das liberais, sendo difícil distinguir quanto das disposições normativas brasileiras são consequência de uma ou de outra corrente vigorando um "sincretismo" bem à brasileira.

Se por um lado, o poder constituinte originário preservou a liberdade, inclusive no âmbito econômico, por outro lado requereu que o Estado atuasse ativamente de forma a efetivar que a coletividade tivesse seus direitos sociais garantidos. Nesse aspecto, não se trata mais de uma liberdade do e perante o Estado, e sim da existência de liberdade por intermédio do Estado.[24]

O que se depreende é que o Estado liberal, quando liberal de maneira exacerbada, não é eficiente no sentido de garantir a todos o acesso ao mínimo existencial.[25] Em outras palavras, o liberalismo, quando adotado

so em: 14 jul. 2017. Para esclarecimentos sobre o Índice de Gini, destaca-se que "O Índice de Gini, criado pelo matemático italiano Conrado Gini, é um instrumento para medir o grau de concentração de renda em determinado grupo. Ele aponta a diferença entre os rendimentos dos mais pobres e dos mais ricos. Numericamente, varia de zero a um (alguns apresentam de zero a cem). O valor zero representa a situação de igualdade, ou seja, todos têm a mesma renda. O valor um (ou cem) está no extremo oposto, isto é, uma só pessoa detém toda a riqueza. Na prática, o Índice de Gini costuma comparar os 20% mais pobres com os 20% mais ricos. No Relatório de Desenvolvimento Humano 2004, elaborado pelo Pnud, o Brasil aparece com Índice de 0,591, quase no final da lista de 127 países. Apenas sete nações apresentam maior concentração de renda". WOLFFENBÜTTEL, Andréa. O que é: Índice Gini. *Desafios do Desenvolvimento*, Brasília, DF, ano 1, ed. 4, 2004. Disponível em: http://www.ipea.gov.br/desafios/index.php?option=com_content&id=2048:catid=28&Itemid=23. Acesso em: 18 dez. 2017.

[23] A combinação de traços de diferentes ideologias no texto constitucional não é característica exclusiva do ordenamento jurídico brasileiro.

[24] SARLET, *op. cit.*, p. 44.

[25] O conceito de mínimo existencial está diretamente relacionado com as necessidades humanas mais básicas. Fundamenta-se no argumento de que as pessoas devem ter pelo menos os seus direitos fundamentais respeitados, para que possam ter garantida uma existência com dignidade. Compreende, assim, o conjunto de prestações materiais indispensáveis para que o ser humano tenha uma vida digna. FIGUEIREDO, Mariana Filchtiner; SARLET, Ingo Wolfgang. Reserva do possível, mínimo existencial e direito à saúde: algumas aproximações.

de forma extrema, é incapaz de possibilitar o mínimo, "a menor quantia de renda absolutamente necessária para a sobrevivência digna do contribuinte",[26] conforme a própria História é capaz de demonstrar.[27]

Vislumbra-se, assim, que a atuação do Estado como mero espectador adotando o papel de coadjuvante mostra-se esgotada, acarretando aumento da desigualdade social. Nesse contexto, inicia-se a defesa por uma atitude mais ativa do ente estatal.

Para os defensores do liberalismo exacerbado, no entanto, a tributação é vista como negativa, na medida em que ela traria um ônus para a economia e consequentemente para a atividade empresarial, com redução de oportunidades e, por exemplo, da geração de capacidade produtiva e de empregos. Para eles, a intervenção do Estado prejudicaria, principalmente, as pessoas mais pobres da sociedade, sendo mais eficiente a mínima intervenção do Estado.[28]

Porém, esse ponto de vista não se mostra condizente com a realidade. São poucas as situações em que alguém que não teve, durante sua infância e desenvolvimento, acesso à educação, ou mesmo à alimentação básica, que tenha conseguido, sozinho, reverter esse quadro e competir, no mercado de trabalho, nas mesmas condições, com quem teve durante a vida uma série de privilégios e oportunidades.

É interessante destacar o contraponto de Dworkin (2005, p. 311), aos defensores do liberalismo exacerbado, que argumentam que a abstenção estatal refletirá em maior geração de riquezas no futuro, mesmo que

Revista de Doutrina da 4ª Região, Porto Alegre, n. 24, jul. 2008. Disponível em: http://www.revistadoutrina.trf4.jus.br/index.htm?http://www.revistadoutrina.trf4.jus.br/artigos/edicao024/ingo_mariana.html. Acesso em: 20 out. 2017.

[26] Zilveti, Fernando Aurelio. *Princípios de direito tributário e a capacidade contributiva*. São Paulo: Quartier Latin, 2004, p. 202.

[27] Nesse sentido: "Mendigos e vagabundos foram durante séculos grupos-alvo de políticas públicas frequentemente de inspiração repressiva, pois sempre se ignorou o fato de serem eles apenas um ponto extremo de 'vulnerabilidade de massas' que afeta grandes camadas populares. Por isso, a pobreza é percebida no século XX como algo surpreendente, pois apesar do crescimento econômico registrado, ela persiste. Na verdade, o progresso e o trabalho podem criar pobreza, ao invés de suprimi-la". Estenssoro, Luis Enrique Rambalducci. *Capitalismo, desigualdade e pobreza na América Latina*. 2003. 286 f. Tese (Doutorado em Sociologia) – Faculdade de Filosofia, Letras e Ciências Humanas, Universidade de São Paulo, São Paulo, 2003, p. 202. Disponível em: http://www.teses.usp.br/teses/disponiveis/8/8132/tde-23102003-072125/pt-br.php. Acesso em: 20 out. 2017.

[28] Mendes, *op. cit.*, p. 104.

implique sacrifícios e prejuízos no presente. Para o autor, essa promessa de melhoria futura que recompense os prejuízos suportados mostra-se improvável, mesmo no cenário mais otimista (Dworkin, 2005, p. 312), e ainda destaca que, se o futuro apenas se mostrar atraente, diante da existência de injustiças no presente, ele não é um futuro a ser desejado (Dworkin, 2005, p. 317).

O legislador constitucional demonstrou preocupação em não perpetuar situações de injustiça, ao estabelecer dentre os próprios objetivos do Estado a busca por uma nova ordem econômica e social, justa e igualitária, que adote a igualdade e a justiça como valores supremos de uma sociedade fraterna (Preâmbulo). Ainda, no transcorrer do texto constitucional, há uma série de diretrizes a serem implementadas pelo Estado para o alcance desses objetivos. Dentre eles, destaca-se o art. 6º, que estabelece como fins a serem atingidos os direitos socais à educação, à saúde, à alimentação, ao trabalho, à moradia, à previdência social, entre outros.[29]

É importante destacar, para esse propósito, que essa mudança de atitude do Estado, de agente neutro, para um agente ativo, principalmente no que tange ao domínio econômico, é de essencial importância para a existência do Estado social de direito (Leão, 2015, p. 40).

Para o atingimento desses fins, a tributação é um instrumento importante, na medida em que é a partir dela que o Estado provoca alterações no *status quo*, induzindo comportamentos que entenda mais adequados. Essa função ou fenômeno, que é chamada de extrafiscalidade, foi objeto de estudo por Nabais (2004). Ensina esse autor que:

> A *extrafiscalidade*. Embora não sendo um fenômeno novo, do que não há dúvida, é de que a extrafiscalidade ganhou especial importância com o advento do estado social. Com efeito, a utilização dos impostos, ou dos benefícios fiscais com o objetivo principal de obtenção de resultados econômicos e sociais, portanto como um instrumento de política econômica ou social, tornou-se um fenômeno normal ou corrente com a instauração do estado social.
>
> Enquanto essas medidas extrafiscais integram medidas intervencionistas num estado fiscal, em que pela sua própria natureza a intervenção eco-

[29] Interessante destacar que, conforme pontua Barroso, a preservação desses valores pelo texto constitucional representa, inclusive, uma proteção das minorias perante as maiorias e o poder de manipulação que estas exercem sobre o processo político. Barroso, Luís Roberto. *Curso de direito constitucional contemporâneo*: os conceitos fundamentais e a construção do novo modelo. 2. ed. São Paulo: Saraiva, 2010, p. 17.

nómica e social do estado constituirá sempre uma exceção face ao âmbito de não intervenção económica e social dos indivíduos e da sociedade. (NABAIS, 2004, p. 26-27)

Diante do exposto, verifica-se que o texto constitucional adotou uma combinação[30] entre as teorias liberal e social, para fins de formação de seu conteúdo. Não resta dúvidas de que a CF/1988 prima pela liberdade (inclusive na seara econômica), contudo tal direito encontra limitações, a fim de que se promova a justiça social.[31]

1.2. As Formas de Intervenção do Estado na Economia

A estrutura programática da CF/1988 demanda que o Estado possua uma característica mais intervencionista, garantindo a materialização dos direitos nela embutidos.

Como antes comentado, o modelo liberal por si só é insuficiente para dar provisão às necessidades (mesmo que mais elementares) de toda a coletividade, não se mostrando eficaz em garantir que a população, de forma geral, tenha acesso a direitos mínimos. Buscando eliminar essa lacuna, exigiu-se do Estado maior atuação, no sentido de harmonizar os interesses econômicos com o bem-estar social.

[30] Nesse ínterim, o entendimento de Miguel Reale, na obra *O Estado democrático de direito e o conflito de ideologias*, na qual dispõe que: "parece-me não haver dúvida quanto à posição social-liberal de nossa Carta Magna, uma vez que o social-liberalismo – que outros preferem denominar liberalismo social, o que vem a dar no mesmo – caracteriza-se exatamente por um constante e contínuo *balanceamento de valores* postos por diversas conjunturas, figurando a livre iniciativa em um polo e, no outro, os interesses do consumidor. Essa posição corresponde a uma compreensão pluridimensional do Estado, dotado de atribuições de natureza jurídica, econômica, financeira, educativa e assistencial, na acepção lata desta palavra, não se confundindo, porém, com a do Estado da ideologia socialista, uma vez que o Estado social-liberal jamais poderá atuar em conflito com a livre iniciativa, a não ser nas hipóteses excepcionadas pela própria Constituição". REALE, Miguel. *O Estado democrático de direito e o conflito de ideologias*. 3. ed. São Paulo: Saraiva, 2005, p. 45-46.

[31] Nesse contexto, interessante mencionar ZILVETI, *op. cit.*, p. 123, que aborda justiça social e tributação: "Na tributação, a justiça social manifesta-se por meio da extrafiscalidade, que garante receitas para a execução das políticas sociais exigidas do Estado social. Para o entendimento dessas políticas sociais não se identifica a capacidade contributiva do cidadão, tampouco se leva em consideração o tratamento igualitário dos contribuintes. A justiça social tem como forte aliada a progressividade, divorciada da igualdade e da capacidade contributiva".

É interessante notar o raciocínio de Becker (1998, p. 588-589), que entende que o intervencionismo estatal na economia privada e na ordem social é instrumento de liberdade do indivíduo, possibilitando o alcance da dignidade da pessoa humana. Sob essa perspectiva, o direito tributário mostra-se como um instrumento eficaz para a atuação do Estado como interventor, sendo que a partir dessa intervenção nasce a ciência da política fiscal (Machado, 2015, p. 593).

Na mesma linha de raciocínio, Baleeiro (1975, p. 17), já na década de 1950, entendia que:

> Daí a importância assumida nos últimos 20 anos pela Política Financeira, que arma o Estado com um dos mais potentes instrumentos de intervenção na economia, senão em todo o tecido social. Aplicação prática do que se convencionou chamar de Ciências das Finanças, há de fixar nesta os alicerces.

A partir da constatação que de fato o tributo é um dos elementos eficazes de intervenção na economia e que é integrante da política financeira, adentramos nos meios de intervenção do Estado na economia.

1.2.1. Meios de Intervenção

São diversas as formas pelas quais o Estado pode intervir na atividade econômica. De acordo com as lições de Giovani Clark (2001), o Estado pode intervir de maneira direta, indireta ou mista.[32]

i) Interferência direta: subdivide-se em:

- *a)* Quando o Estado atua como agente no domínio econômico, por meio de empresas estatais, quer sejam elas de natureza pública, quer sejam elas de economia mista, ambas sujeitas ao regime jurídico de direito privado, sem privilégios que não sejam extensíveis aos particulares, uma vez que sua atuação se dá em âmbito precipuamente destinado à esfera privada; ou ainda, como detentoras do monopólio da atividade.
- *b)* Quando o Estado cria agências reguladoras e fiscalizadoras da atividade privada, no âmbito econômico.

ii) Interferência indireta (também denominada *direito regulamentar econômico)*: quando o Estado se utiliza de normas jurídicas para regular,

[32] Conforme elucida Clark, embasado na divisão clássica proposta por Bernard Chenot.

fiscalizar e organizar a seara econômica, por intermédio de normas jurídicas originadas nos Poderes Legislativo e Executivo.

iii) Intervenção mista: quando o Estado se vale da combinação das formas anteriores de intervenção, ou seja, criando empresas estatais e normas para a regulação de determinado segmento.

Martins (2001), ao discorrer sobre a intervenção do Estado no domínio econômico, traz um viés constitucional à questão. O autor enfatiza os valores sociais, como a livre-iniciativa e a valorização do trabalho humano, que permeiam a Carta Magna e que embasam seus arts. 170 e seguintes (Título VII – Da Ordem Econômica e Financeira, Capítulo I – Dos Princípios Gerais da Atividade Econômica).

O art. 173, *caput*, da CF/1988 dispõe sobre as formas diretas de intervenção da União no domínio econômico, conforme se nota:

> Ressalvados os casos previstos nesta Constituição, a exploração direta de atividade econômica pelo Estado só será permitida quando necessária aos imperativos da segurança nacional ou a relevante interesse coletivo, conforme definidos em lei.[33]

Por sua vez, o art. 174[34] trata de formas indiretas de intervenção, nos moldes em que se verifica em seu *caput*:

> Como agente normativo e regulador da atividade econômica, o Estado exercerá, na forma da lei, as funções de fiscalização, incentivo e planejamento, sendo este determinante para o setor público e indicativo para o setor privado.

[33] Destaca-se também que os §§ 4º e 5º do art. 173 da CF/1988 tratam, respectivamente, de medidas repressivas do abuso do poder econômico: "lei reprimirá o abuso do poder econômico que vise à dominação dos mercados, à eliminação da concorrência e ao aumento arbitrário dos lucros"; e de práticas que vão de encontro com a ordem econômico-financeira ou contra a economia popular, "A lei, sem prejuízo da responsabilidade individual dos dirigentes da pessoa jurídica, estabelecerá a responsabilidade desta, sujeitando-a às punições compatíveis com sua natureza, nos atos praticados contra a ordem econômica e financeira e contra a economia popular".

[34] Quanto à modalidade de intervenção indireta, Celso Bastos e Ives Gandra Martins afirma que: "Neste âmbito de intervenção, o Estado cria infraestruturas, institui o quadro em que se realiza a atividade das empresas, estabelece restrições à instalação e funcionamento de atividades econômicas, estabelece restrições à circulação e troca de produtos, ou, ainda, fomenta determinados empreendimentos, dado seu interesse para a economia nacional". BASTOS, Celso Ribeiro; MARTINS, Ives Gandra. *Comentários à Constituição do Brasil.* 2. ed. São Paulo: Saraiva, 2000. v. 7, p. 92.

À luz desses dispositivos, Martins (2001, p. 13-14) elucida que a CF/1988, ao tratar da ordem econômica, adotou, de maneira clara, a economia de mercado, não possibilitando sequer que o Estado atue no setor privado, salvo situações excepcionais como relevante interesse coletivo ou imperativos de segurança nacional. Elucidando que, mesmo diante da possibilidade de o Estado prestar serviços públicos fora dessas hipóteses, não poderá explorar atividades pertinentes à iniciativa popular. O autor ainda levanta crítica sobre projetos que tramitam no Congresso Nacional que objetivam onerar o contribuinte para atingir variados aspectos de atuação econômica no setor privado, considerando, para isso, uma política arrecadatória. Para Gandra Martins, a aprovação de um desses projetos representaria uma intervenção "desregulatória", pois oneraria ainda mais a classe empresarial já sufocada por uma "arcaica estrutura impositiva".

Grau (2010, p. 34), por seu turno, desenvolveu um sistema de classificação próprio, que se observa tem sido mais comumente adotado pela doutrina, em especial a doutrina tributária. Para fins desta obra, será adotada a classificação do iminente professor, que parece refletir de uma forma mais completa as diversas possibilidades de classificação da intervenção do Estado na economia.

Antes, todavia, faz-se necessário enfatizar que o autor parte de uma distinção entre atuação e intervenção estatal. Para Grau, o uso do vocábulo *atuação* mostra-se adequado na situação em que o Estado age na esfera do setor público, ou seja, quando ele presta um serviço público ou regula a prestação de serviços públicos. Por sua vez, o uso do vocábulo *intervenção* pressupõe a ação estatal na esfera privada, por exemplo, como forma de corrigir falhas de mercado.[35] A partir daí, pode-se depreender que a atuação estatal é gênero (sentido amplo), enquanto a intervenção estatal é espécie (sentido estrito) (GRAU, 2010, p. 90-91).

Tendo sido feitas essas considerações, passa-se analisar a estrutura proposta por Grau:

i) Atuação por absorção ou participação: o Estado atua como agente econômico, sob a forma de monopólio de determinada atividade (por absorção) ou age paralelamente com a iniciativa privada, competindo com essa (participação);

[35] Trata-se de situações em que o mercado, ao se autorregular, fracassa; não conseguindo alocar recursos de maneira eficiente.

ii) Atuação por direção: o Estado impõe normas de comportamento compulsório, pressionando a economia, por exemplo, como ocorre para o controle de preços (regulação de atividade);
iii) Atuação por indução: o Estado incentiva ou desestimula o desempenho de determinada atividade. Para isso, pode lançar mão de meios como a tributação (regulação de atividade).

Vale mencionar que o estudo da extrafiscalidade está intrinsecamente relacionado com a modalidade de intervenção por indução, motivo pelo qual essa classificação terá destaque nesta obra, visto que o Estado, por meio dela, pode incentivar ou desestimular determinada atividade econômica.

1.2.2. O Intervencionismo e o Liberalismo Estatal sob a Ótica da Tributação

O Estado moderno apresenta a possibilidade de exercer funções novas, diversas daquelas propostas pelo modelo liberal clássico (BOMFIM, 2015, p. 51), ressaltando, ainda, que se encontra à disposição estatal o instrumento da extrafiscalidade para a consagração das diretrizes estabelecidas pela Lei Maior. Não obstante, faz-se necessário destacar a necessidade de cautela na utilização desse instrumento, tendo em vista que qualquer movimentação tributária por parte do Estado, por menor que seja, gera reflexos diretos ou indiretos na economia.

Sob a necessidade de cautela, é interessante mencionar o entendimento de Michel Bouvier (2005, p. 200), que destaca que, com a renovação do pensamento econômico liberal (a partir dos anos setenta), surgiram críticas ao Estado-provedor em razão da maior rigidez que esse gera na sociedade. Pelo fato de o modelo de Estado-provedor exercer maior controle sobre o conjunto de atores econômicos e sociais (pela criação de leis e impostos, por exemplo), há um aumento de custos administrativos para as empresas e, em consequência, elas têm boa parte de seu faturamento absorvido pelo ente estatal sob a forma de impostos e contribuições sociais. O autor destaca que essa regulamentação não deveria ser feita pelo Estado, e, sim, pelo mercado, sendo necessária uma redução das despesas públicas e uma diminuição da carga fiscal, gerando incentivo ao investimento. Para Bouvier, a tributação deveria ser priorizada para perseguir os fins do Estado, sendo raras as situações que legitimariam a utilização de tributos para a intervenção sobre o domínio econômico, encarando, assim, a tributação como um "mal necessário" a atuar na menor medida possível na economia.

Como se pode depreender, a tributação ineficiente pode gerar distorções em matéria econômica. Por exemplo, sob a perspectiva puramente econômica, sem a existência do tributo os consumidores poderiam pagar um valor inferior por um determinado bem e os produtores poderiam produzir por um valor inferior, possibilitando, assim, maior margem de lucro, ou seja, a tributação ineficiente tem como consequência perdas suportadas pela coletividade.[36] De acordo com a corrente liberal, por exemplo, o ponto de equilíbrio do mercado poderia ser fixado de modo mais eficaz sem a existência dos tributos (Bomfim, 2015, p. 72).

Contudo, como antes mencionado, o modelo liberal clássico que abstém o Estado de qualquer intervenção gera uma série de desigualdades sociais e econômicas. Com o intuito de nivelar essa desigualdade, na busca pelo equilíbrio, cabe ao Estado utilizar os mecanismos disponíveis (extrafiscalidade), com o intuito de alcançar a equidade.

Em outras palavras, o ente estatal deve atuar ativamente para concretizar as diretrizes estabelecidas pela Carta Constitucional, no ímpeto de promover uma realidade socioeconômica que prime pela igualdade e pela justiça.[37] Assim, o Estado é autorizado a intervir na vida social dos particulares, com o objetivo de cumprir os preceitos constitucionalmente traçados, inclusive por intermédio da extrafiscalidade.

Entretanto, no uso dessa função o Estado deve observar, rigorosamente, as limitações impostas pelo próprio legislador constituinte. É necessária que toda a ação extrafiscal parta do texto constitucional, não podendo qualquer medida ser tomada em afronta ou extrapolação a ele.

[36] Este, por exemplo, pode ser o caso do peso morto da tributação, que ocorre quando ela gera, inequivocamente, à sociedade e, de forma mais específica, a cadeia econômica de valor. Situação clássica pode ocorrer quando a carga tributária se mostre excessiva, tão excessiva que induza um comportamento negativo por parte do contribuinte no sentido de recolher tributos. Esta é a curva de Lafer. Nesse sentido, é importante que a neutralidade seja sempre foco da atividade tributante, isso porque a função tributária não é gerar desequilíbrios ou desbalanceamentos na economia. Pelo contrário, a função estatal – e extrafiscal – deve entrar em ação sempre quando for constatado um desequilíbrio de mercado e a tributação seja o elemento necessário para trazer a situação de desequilíbrio para a situação de equilíbrio.

[37] Conforme expresso no Preâmbulo da CF/1988.

1.3. Fundamento das Normas Tributárias Extrafiscais

A CF/1988 é a constituição com maior número de normas de conteúdo programático da história do Brasil, conferindo legitimidade à esperança de que os seus preceitos sejam materializados no futuro. Nesse contexto, podemos citar o art. 3º do texto constitucional, no qual estão expressos os objetivos fundamentais da República que necessitam da atuação estatal para a sua realização. Nas palavras de Bercovici (*apud* GRAU, 2010, p. 100):

> Os princípios constitucionais fundamentais, como o art. 3º da Constituição de 1988, são a expressão das opções ideológicas essenciais sobre as finalidades sociais e econômicas do Estado, [...] constitui o art. 3º da Constituição de 1988 um verdadeiro programa de ação e de legislação, devendo todas as atividades do Estado Brasileiro (inclusive as políticas públicas, medidas legislativas e decisões judiciais) se conformar formal e materialmente ao programa inscrito no texto constitucional.

Também pode ser elencado como objetivos a serem perseguidos pelo Estado o rol de princípios do art. 170 da CF/1988. Nesse viés, a extrafiscalidade tem papel de destaque, como importante instrumento para que tais diretrizes não existam somente no campo simbólico e se materializem na realidade concreta.

Apenas fazemos a ressalva de que os princípios a seguir tratados não são os únicos que justificam o uso extrafiscal dos tributos, porém esta obra se aterá a eles como forma de delimitação do tema. São eles: soberania nacional, propriedade privada e função social, livre concorrência, defesa do consumidor, defesa do meio ambiente, redução das desigualdades sociais e regionais, busca do pleno emprego e tratamento favorecido para as empresas de pequeno porte.

O objetivo do presente tópico não é esgotar cada um dos princípios abordados, mas apenas contextualizá-los no âmbito desta obra.

1.3.1. Soberania Nacional

A soberania popular representou um contraponto à visão absolutista da soberania monarquista. Conforme esclarece Barroso (2010, p. 130):

> A ideia de soberania nacional, pela qual o poder constituinte tem como titular a nação, foi sustentada por Sieyès e teve acolhida ampla na doutrina francesa. Com tal teoria, subtraía-se o poder constituinte tanto do monarca

> como dos poderes constituídos. Ao combinar poder constituinte com sistema representativo, Sieyès admitiu que a Constituição fosse elaborada não diretamente pelo povo (que via como uma entidade puramente numérica), mas por uma assembleia constituinte, órgão cujos representantes eram eleitos e que expressava a vontade da nação. Sendo soberana a assembleia, a Constituição por ela elaborada não precisava ser submetida à ratificação popular. Essa foi a fórmula que prevaleceu em relação à Constituição de 1791, mas que foi posteriormente superada. No Brasil, as Constituições de 1824 e 1891 invocam a soberania nacional.

O princípio da soberania nacional dá azo à adoção de medidas extrafiscais de estímulo ao mercado interno, além de medidas específicas para incentivar ou proteger setores econômicos tidos como específicos ou prioritários, como foi o exemplo da Cide-Tecnologia, instituída pela Lei n. 10.168/2000, com o intuito de estimular o desenvolvimento tecnológico brasileiro. Esse princípio é invocado para preservar a soberania econômica contra agentes externos que podem desequilibrar a ordem econômica interna.

Essas medidas protecionistas, que não são privilégio brasileiro, muitas vezes impedem acordos gerais em âmbito de organismos internacionais, como é o caso da Organização Mundial do Comércio (OMC). Muito embora existam, atualmente, acordos no sentido de evitar discriminação de produtos e serviços em função da respectiva origem, nada impede que esses acordos, por fatores circunstanciais, sejam denunciados no futuro e que a partir daí sejam adotadas medidas protecionistas (BOMFIM, 2015, p. 95).

A título exemplificativo, pode ser mencionado julgado do Tribunal Regional Federal (TRF) da 3ª Região. O mencionado tribunal entendeu ser exercício legítimo da soberania nacional que o Poder Executivo, ponderando a oportunidade e a conveniência no uso dos tributos com finalidade extrafiscal, revogasse a alíquota de 10% outrora existente, como medida de proteção do mercado interno e da produção nacional de coco. Tendo tal revogação sido pautada na adoção de condições equitativas de comércio entre os Estados-partes do Mercado Comum do Sul (Mercosul).[38]

[38] TRIBUNAL REGIONAL FEDERAL DA 3ª REGIÃO. *TRF-3 – Apelação em Mandado de Segurança*: AMS: 604 SP 2002.61.00.000604-8, Relator: Juiz Convocado Leonel Ferreira, Data de Julgamento: 22 out. 2010, Judiciário em Dia – Turma D.

1.3.2. Propriedade Privada e Função Social

O direito à propriedade privada é um dos pilares da ordem jurídica brasileira, sem o qual a ordem constitucional pode ser rompida. As normas extrafiscais têm um largo campo de atuação quando se trata de propriedade privada e sua função social, na medida em que é concedido, por exemplo, ao legislador municipal, competente para instituir o Imposto sobre a Propriedade Predial e Territorial Urbana (IPTU), o direito de introduzir normas tributárias de caráter progressivo que induzam os contribuintes ao cumprimento da função social da propriedade. Essa tributação, na forma da CF/1988, não pode, por óbvio, caracterizar-se como confisco.

Nesse sentido, destaca-se que mesmo antes da Emenda Constitucional (EC) n. 29/2000,[39] o STF entendeu que o IPTU progressivo instituído com a finalidade de assegurar que a propriedade exercesse sua função social era constitucional.[40]

Disponível em: https://trf-3.jusbrasil.com.br/jurisprudencia/17838596/apelacao-em-mandado-de-seguranca-ams-604-sp-20026100000604-8-trf3. Acesso em: 27 dez. 2017.

[39] Tratou da progressividade do IPTU, conforme se observa:
"Art. 3º O § 1º do art. 156 da Constituição Federal passa a vigorar com a seguinte redação:
Art. 156. (...)
§ 1º Sem prejuízo da progressividade no tempo a que se refere o art. 182, § 4º, inciso II, o imposto previsto no inciso I poderá:
I – ser progressivo em razão do valor do imóvel; e
II – ter alíquotas diferentes de acordo com a localização e o uso do imóvel".

[40] Nesse sentido, a Súmula 668 do STF explicita que: "É inconstitucional a lei municipal que tenha estabelecido, antes da Emenda Constitucional 29/2000, alíquotas progressivas para o IPTU, *salvo se destinada a assegurar o cumprimento da função social da propriedade urbana*" (grifo nosso). E ainda: "PROCESSUAL CIVIL E TRIBUTÁRIO. AGRAVO REGIMENTAL NO RECURSO EXTRAORDINÁRIO COM AGRAVO. IPTU. ALÍQUOTAS PROGRESSIVAS ANTES DA EC 29/2000. INCONSTITUCIONALIDADE, SALVO SE DESTINADAS A ASSEGURAR O CUMPRIMENTO DA FUNÇÃO SOCIAL DA PROPRIEDADE. SÚMULA 668/STF. ALÍQUOTAS SELETIVAS. EXAME DE LEGISLAÇÃO LOCAL. IMPOSSIBILIDADE. SÚMULA 280/STF. AGRAVO REGIMENTAL A QUE SE NEGA PROVIMENTO. SUPREMO TRIBUNAL FEDERAL". *AG. REG: 752.117 MG*, Relator: Min. Teori Zavascki, Data de Julgamento: 1 out. 2013, Segunda Turma, Data de Publicação: Acórdão Eletrônico DJe-207 Divulg 17-10-2013 Public 18-10-2013. Disponível em: https://stf.jusbrasil.com.br/jurisprudencia/24271614/agreg-no-recurso-extraordinario-com-agravo-are-752117-mg-stf/inteiro-teor-111959608. Acesso em: 10 nov. 2017.

1.3.3. Livre Concorrência

O princípio da livre concorrência prima pela liberdade de atuação no sentido de que a ninguém pode ser imposta alguma restrição senão em virtude de lei, de tal forma que a todos deva ser assegurado o direito de exercício de atividade econômica.[41] Grau (2010, p. 210) defende o princípio da livre concorrência no sentido do princípio da repressão aos abusos do poder econômico, ou seja, de liberdade de concorrência, desdobrada em liberdades privadas e liberdade pública. Em matéria tributária, o tema é relevante, na medida em que as normas extrafiscais acabam adentrando em temas que podem esbarrar nesse princípio. É interessante notar a visão de Douglas Vosgerau e Marcelo Miranda Ribeiro (2013, p. 106-107) sobre o paradoxo entre neutralidade fiscal e igualdade de condições de mercado:

> Sob a perspectiva de neutralidade fiscal enquanto igualdade de condições no mercado, é vedado à tributação causar desequilíbrio na livre concorrência, salvo para nivelar desigualdades inerentes aos próprios agentes econômicos. Sob a ótica da ausência de barreiras para entrada e permanência no mercado, a tributação não pode impor obstáculos ao ingresso ou permanência das empresas no mercado. Por fim, sob o viés da interferência mínima do Estado na economia, a intenção é que os preços dos bens e serviços sejam ajustados de acordo com as regras de mercado (oferta/demanda), sem qualquer interferência externa.
>
> [...]
>
> Em resumo, pode-se afirmar que o princípio da neutralidade fiscal visa diminuir ao máximo os impactos gerados pela tributação na economia, de forma que esta não venha a causar distorções econômicas, seja por meio da majoração/instituição de tributos, pela desoneração fiscal, ou, ainda, pela instituição de obrigações acessórias que venham a sobrecarregar as sociedades empresárias.
>
> Enquanto o princípio da neutralidade tributária prevê a não interferência na economia e na livre concorrência, a extrafiscalidade abre a possibilidade de intervenção em determinado segmento econômico.

[41] É interessante destacar a Súmula 646 do STF: "Ofende o princípio da livre concorrência lei municipal que impede a instalação de estabelecimentos comerciais do mesmo ramo em determinada área".

Quanto aos limites impostos ao poder estatal, delimitados pela livre concorrência, faz-se pertinente abordar a decisão do STF – RE 525.802 –, que entendeu quanto à impossibilidade de recolher o Imposto sobre Operações Relativas à Circulação de Mercadorias e sobre Prestação de Serviços de Transporte Interestadual, Intermunicipal e de Comunicação (ICMS), de modo antecipado, do contribuinte inadimplente.[42]

1.3.4. Direito ao Meio Ambiente Ecologicamente Equilibrado

O meio ambiente ecologicamente equilibrado está intimamente relacionado à própria sobrevivência humana. Considerando a relevância do tema, destaca-se que a ausência de um padrão mínimo de qualidade ambiental impossibilita o suprimento das necessidades humanas mais básicas.

Nesse viés, a preocupação ecológica, a defesa e a preservação ambiental estão diretamente relacionadas com a possibilidade de uma efetiva dignidade da pessoa humana, tida como um dos fundamentos da República (art. 1º da CF/1988).

A CF/1988 foi a primeira Constituição brasileira a tratar, de maneira explícita, da questão ambiental. Dedicou um Capítulo específico à disciplina do meio ambiente, contemplando-o no art. 225 (que se encontra inserido no Título da Ordem Social, em seu Capítulo 6). Porém, não apenas esse Capítulo relaciona-se com o tema (Capítulo este que concentra a matéria), mas todo o texto constitucional é permeado pelo interesse ambiental, podendo-se encontrar dispositivos que se referem ao tema difuso por todo o conteúdo da Lei Maior.

[42] "AGRAVO REGIMENTAL NO RECURSO EXTRAORDINÁRIO. TRIBUTÁRIO. ICMS. IMPOSSIBILIDADE DE IMPOR AO CONTRIBUINTE INADIMPLENTE A OBRIGAÇÃO DO RECOLHIMENTO ANTECIPADO DO TRIBUTO. FORMA OBLÍQUA DE COBRANÇA. VIOLAÇÃO AOS PRÍNCIPIOS DA LIVRE CONCORRÊNCIA E DA LIBERDADE DE TRABALHO E COMÉRCIO. AGRAVO IMPROVIDO. I – Impor ao contribuinte inadimplente a obrigação de recolhimento antecipado do ICMS, como meio coercitivo para pagamento do débito fiscal, importa em forma oblíqua de cobrança de tributo e em contrariedade aos princípios da livre concorrência e da liberdade de trabalho e comércio. Precedentes. II – Agravo regimental improvido". SUPREMO TRIBUNAL FEDERAL. *RE: 525.802 SE*, Relator: Min. Ricardo Lewandowski, Data de Julgamento: 7 maio 2013, Segunda Turma, Data de Publicação: Acórdão Eletrônico DJe-096 Divulg 21-05-2013, Public 22-05-2013. Disponível em: https://stf.jusbrasil.com.br/jurisprudencia/23293962/agreg-no-recurso-extraordinario-re-525802--se-stf/inteiro-teor-111672334?ref=juris-tabs. Acesso em: 28 dez. 2017.

Primando pela importância que o equilíbrio ambiental possui para a vida humana, o constituinte autoriza o Estado a intervir, com o objetivo de garantir que a atividade de exploração econômica respeite e preserve o ecossistema no qual está inserida. Nesse sentido, o poder público pode lançar mão de normas indutoras para estimular ou não determinada conduta.

Assim, no âmbito do direito tributário, é possível vislumbrar fortes traços de preocupação ambiental. Tal argumento embasa-se no fato de que cada vez mais atividades que causam prejuízos ecológicos são fortemente oneradas.

Salienta-se, ainda, no que tange às normas indutoras que visam a atender à preservação do meio ambiente ecologicamente equilibrado, que para elas vigora, também, o princípio do poluidor-pagador.[43] O mencionado princípio pode ser entendido como a responsabilização do causador de danos ambientais, que deve arcar tanto com os valores necessários para a recuperação do meio que foi degradado como com os prejuízos causados à população (Oliveira, 1999, p. 20-21).

Nesse viés, é pertinente destacar julgado do STJ, que invocou o princípio do poluidor-pagador ao abordar a possibilidade de ser concedida autorização, pelas autoridades ambientais, à utilização de fogo, nos parâmetros legais, e elencou uma série de critérios[44] a serem respeitados.

Quanto ao mencionado princípio, o tribunal destacou o dever de reparar eventuais danos causados às pessoas e ao meio, tendo em vista os prejuízos que podem ser gerados pela prática de queimadas.[45]

[43] "Impõe que o causador do dano ambiental, seja através da emissão de agentes poluentes, seja através da exploração irracional de recursos naturais, fique obrigado a arcar com os custos necessários à diminuição, eliminação ou neutralização desse dano. Pois aqui, o bem jurídico protegido é o meio ambiente, e o sujeito passivo, sofredor do dano, é toda a coletividade". SEBASTIÃO, Simone Martins. *Tributo ambiental*: extrafiscalidade e função promocional do direito. Curitiba: Juruá, 2011, p. 210.

[44] Como o caráter excepcional, individualizado, por prazo certo, e, ainda, a necessidade de Estudo Prévio de Impacto Ambiental.

[45] "AMBIENTAL. AÇÃO CIVIL PÚBLICA. QUEIMA DE PALHA DA CANA-DE-AÇÚCAR. IMPOSSIBILIDADE. DANO AO MEIO AMBIENTE. 1. A Segunda Turma do STJ reconheceu a ilegalidade da queima de palha de cana-de-açúcar, por se tratar de atividade vedada, como regra, pela legislação federal, em virtude dos danos que provoca ao meio ambiente. 2. De tão notórios e evidentes, os males causados pelas queimadas à saúde e ao patrimônio das pessoas, bem como ao meio ambiente, independem de comprovação de nexo de causalidade, pois entender diversamente seria atentar contra o senso comum. Insistir no argumento da inofensividade das queimadas, sobretudo em época de mudanças climáticas, ou exigir a ela-

Também é interessante enfatizar a ideia de o valor do produto refletir os impactos que a sua produção repercute no meio, internalizando o valor do impacto ambiental em seu preço. Assim, aumenta-se a possibilidade de induzir mudanças comportamentais[46] favoráveis ao meio ambiente (SCHOUERI, 2005, p. 97).

De forma exemplificativa quanto ao uso da extrafiscalidade em questões ambientais, menciona-se o Imposto Territorial Rural (ITR). O mencionado imposto, nas situações aplicáveis, pode ter deduzido de sua base de cálculo o percentual relativo à "reserva", estimulando, por ato voluntário, a ampliação do limite mínimo da reserva legal determinado pela legislação.[47]

boração de laudos técnicos impossíveis, aproxima-se do burlesco e da denegação de jurisdição, pecha que certamente não se aplica ao Judiciário brasileiro. 3. O acórdão recorrido viola o art. 27 da Lei 4.771/1965 ao interpretá-lo de forma restritiva e incompatível com a Constituição da República (arts. 225, 170, VI, e 186, II). Para a consecução do andamento constitucional e do princípio da precaução, forçoso afastar, como regra geral, a queima de palha da cana-de-açúcar, sobretudo por haver instrumentos e tecnologias que podem substituir essa prática, sem inviabilizar a atividade econômica. 4. Caberá à autoridade ambiental estadual expedir autorizações – específicas, excepcionais, individualizadas e por prazo certo – para uso de fogo, nos termos legais, sem a perda da exigência de elaboração, às expensas dos empreendedores, de Estudo Prévio de Impacto Ambiental, na hipótese de prática massificada, e do dever de reparar eventuais danos (patrimoniais e morais, individuais e coletivos) causados às pessoas e ao meio ambiente, com base no princípio poluidor-pagador. 5. Recurso Especial provido". SUPERIOR TRIBUNAL DE JUSTIÇA. *REsp: 965.078 SP 2006/0263624-3*, Relator: Ministro Herman Benjamin, Data de Julgamento: 20 ago. 2009, T2 – Segunda Turma, Data de Publicação: DJe 27/04/2011. Disponível em: https://stj.jusbrasil.com.br/jurisprudencia/19111135/recurso-especial-resp-965078-sp-2006-0263624-3/inteiro-teor-19111136?ref=juris-tabs. Acesso em: 28 dez. 2017.

46 Interessante mencionar que mesmo que essa medida vise a induzir comportamentos para a preservação ambiental, outras medidas que promovam a conscientização devem ser adotadas de maneira complementar.

47 Nesse sentido: "TRIBUTÁRIO – AMBIENTAL – PROCESSO CIVIL – ITR – RESERVA LEGAL – PERCENTUAL MAIOR QUE O MÍNIMO LEGAL – ART. 16 DO CÓDIGO FLORESTAL – ATO VOLUNTÁRIO – DEDUÇÃO DA BASE DE CÁLCULO – POSSIBILIDADE – PRESTAÇÃO JURISDICIONAL – SUFICIÊNCIA. 1. Não ocorre ofensa ao art. 535, II, do CPC, se o Tribunal de origem decide, fundamentadamente, as questões essenciais ao julgamento da lide. 2. O ITR possui função extrafiscal de proteção ao meio ambiente, razão pela qual a legislação pertinente prevê, no art. 10, II, *a* da Lei 9.393/96, a possibilidade de dedução da base de cálculo do imposto o percentual relativo à reserva legal, conceituada como a área localizada no interior de uma propriedade ou posse rural, excetuada a de preservação permanente, necessária ao uso sustentável dos recursos naturais, à conservação e reabilitação dos processos ecológicos, à conservação da biodiversidade e ao abrigo e proteção de fauna e flora nativas. 3. É possível aumentar o limite mínimo de reserva legal imposto pela legislação, por

1.3.5. Defesa do Consumidor

A defesa do consumidor está difundida em vários dispositivos da Carta Magna. Está expressa como princípio da ordem econômica (art. 170), inserindo-se como direito fundamental (art. 5º, XXXII). O texto constitucional também confere a proteção outorgada ao consumidor também aos usuários de serviços públicos (art. 175, parágrafo único, II), pois se trata também de hipótese de responsabilização para o gerador do dano (art. 24, III) (Schoueri, 2005, p. 96).

Quanto ao consumidor, ao ter ciência da carga tributária intrínseca aos produtos que consome, passa a ter um comportamento mais atuante sobre as forças de mercado, o que não deixa de ser um reflexo da norma tributária extrafiscal (Bomfim, 2015, p. 102).

É importante destacar, também, que as normas tributárias indutoras atuam no que tange ao princípio da defesa do consumidor, quando se verifica o emprego do princípio da seletividade. Princípio este que possibilita ao Poder Executivo alterar as alíquotas tributárias, dentro dos limites estabelecidos pela legislação, considerando o quanto eles são essenciais à vida humana (Bomfim, 2015, p. 97).

No que tange à atuação estatal visando ao estímulo ao consumo[48] de determinado produto, é necessária a reflexão de que a concessão de benefícios fiscais, reduzindo a carga tributária[49] de determinado produto, não

ato voluntário, após confirmação da destinação da área ao fim ambiental por órgão estadual competente e atendidos os demais requisitos legais. 4. Recurso especial não provido". SUPERIOR TRIBUNAL DE JUSTIÇA. *REsp: 1158.999 SC 2009/0186445-0*, Relatora: Ministra Eliana Calmon, Data de Julgamento: 05/08/2010, T2 – Segunda Turma, Data de Publicação: DJe 17/08/2010. Disponível em: https://stj.jusbrasil.com.br/jurisprudencia/15913008/recurso-especial-resp-1158999-sc-2009-0186445-0/inteiro-teor-16837289?ref=juris-tabs. Acesso em: 29 dez. 2017.

[48] É por meio do consumo que os agentes econômicos têm as suas necessidades econômicas satisfeitas. BERGO, Cesar Augusto Moreira. *Conceitos básicos de economia*. São Paulo: ANBIMA, 2011. Disponível em: https://edisciplinas.usp.br/pluginfile.php/176537/mod_resource/content/1/conceitos%20b%C3%A1sicos.pdf. Acesso em: 27 jun. 2019.

[49] De maneira geral, a carga tributária equivale ao quociente obtido entre a arrecadação de tributos e o PIB do universo analisado. Não obstante, é importante destacar que a expressão "carga tributária" é ampla e comporta diferentes técnicas de cálculo, podendo, por exemplo, representar o custo tributário direto ou indireto de uma determinada transação, de acordo com a metodologia de cálculo adotada. BRASIL. Receita Federal. *O que é carga tributária?* [s.d.]. Disponível em: https://idg.receita.fazenda.gov.br/acesso-rapido/direitos-e-deveres/educacao-fiscal/folhetos-orientativos/carga-tributraria-dig.pdf. Acesso em: 23 mar. 2017.

induz, necessariamente, que os consumidores passem a comprá-lo em maior escala. Exemplificativamente, a redução tributária do sal não induzirá os consumidores a realizar estoques em suas residências. No caso dos automóveis, objeto desta obra, por se tratar de bens duráveis, a redução da carga tributária mesmo tendo estimulado o consumo, em um primeiro momento, não manteve os mesmos resultados no decorrer do tempo, conforme será detalhadamente abordado no Capítulo 4.

Outro ponto a ser considerado é que uma eventual desoneração da carga tributária pode nem sempre ser refletida no preço final repassado ao consumidor. Assim, muitas vezes o benefício governamental atua, tão somente, de forma a possibilitar um aumento na margem de lucro das empresas, não tendo impactos nos preços.[50]

1.3.5.1. Redução das Desigualdades Sociais e Regionais

Ao elencar a redução das desigualdades sociais e regionais como um dos objetivos fundamentais da República do Brasil, o constituinte revelou ter conhecimento quanto aos quadros de desigualdade existentes no país, bem como demonstrou estar inconformado com essa realidade (Schoueri, 2005, p. 99).

O art. 3º da CF/1988 elenca a redução das desigualdades sociais e regionais como um dos objetivos fundamentais da República (inciso III).

Nessa seara, pode-se pensar a atuação do Estado de modo que vise à minimização das desigualdades socioeconômicas existentes entre as diferentes regiões do Brasil e de modo a promover o equilíbrio no seu desenvolvimento. O próprio art. 151, I, da CF/1988[51] possibilita que o poder público institua tributação não uniforme, desde que objetive minimizar a disparidade existente entre as diferentes regiões (Bomfim, 2015, p. 93).

A redução das desigualdades sociais e regionais está relacionada com a finalidade de erradicação da pobreza. Para que esse fim seja alcançado,

[50] Um exemplo disso aconteceu na desoneração de IPI dos produtos de linha branca. Nesse sentido: SOARES, Pedro. Varejo e indústria não repassam corte do IPI. *Folha de S.Paulo*, São Paulo, 29 jun. 2009. Disponível em: http://www1.folha.uol.com.br/fsp/dinheiro/fi2906200903.htm. Acesso em: 23 mar. 2017.

[51] Art. 151, I, da CF/1988: "Instituir tributo que não seja uniforme em todo o território nacional ou que implique distinção ou preferência em relação ao Estado, ao Distrito Federal ou a município, em detrimento de outro, admitida a concessão de incentivos fiscais destinados a promover o equilíbrio do desenvolvimento socioeconômico entre as diferentes regiões do país".

o constituinte possibilita que o Estado aja ativamente de modo a promover que o desenvolvimento entre as diferentes regiões brasileiras se dê de maneira mais equânime, permitindo, inclusive, a concessão de benefícios fiscais (conforme estabelece o art. 43, § 2º, III, da CF/1988).

Na busca pela redução das desigualdades sociais e regionais, mesmo que a tributação igualitária/uniforme seja o pressuposto de existência de um mercado único, nos moldes do que é objetivado pelo próprio legislador constituinte, entendeu-se que, diante da extrema disparidade socioeconômica brasileira, a melhor solução seria mitigar essa uniformidade. Tal entendimento alicerçou-se nos objetivos de concretização de justiça social e de dignidade humana (Schoueri, 2005, p. 99-100).

Salientando o ensinamento de Ivo Dantas (*apud* Faria, 2009, p.128):

> A dimensão continental do Brasil traz, como consequência, além de diferenças culturais e sociais, diferenças econômicas, ressaltando-se, nesta perspectiva, a inferioridade da Região Nordeste na qual predomina uma economia ainda baseada, quase que unicamente, na agricultura, e onde o nível de renda *per capita* é dos mais baixos, prevalecendo o analfabetismo, as chamadas doenças sociais etc.
>
> O texto constitucional, através de um princípio programático ou de eficácia contida, fixa como seu objetivo, pelo menos, reduzir tais desigualdades [...].

Outro ponto interessante a ser mencionado é que no entendimento de Barroso, por se tratar de norma programática, ou seja, a ser alcançada em atuação futura, a redução das desigualdades sociais e regionais não gera aos jurisdicionados o direito subjetivo de exigir um comportamento comissivo do poder público. Contudo, em contrapartida, possibilita aos cidadãos que se insurjam contra atos estatais que se mostrem contrários às diretrizes traçadas pelo texto constitucional (BARROSO, 2010).

1.3.6. Pleno Emprego

A busca do pleno emprego, elencada expressamente no art. 170, III, da CF/1988, está diretamente relacionada à dignidade da pessoa humana, ao almejar que qualquer integrante da população economicamente ativa tenha a possibilidade de obter recursos para a sua própria subsistência e gozo, por meio da venda da sua força de trabalho. Nesse contexto, não há como ser encarado de maneira desassociada do princípio da valorização do trabalho humano, no que abrange propiciar a todos que estejam em condições de exercer uma atividade laborativa o acesso efetivo a um posto de trabalho (Leão, 2015, p. 73).

A busca do pleno emprego é fundamento da ordem econômica e pode ser entendida como uma diretriz programática do texto constitucional a ser alcançada pelo Estado, visando assegurar a existência digna, nos moldes da justiça social (Bomfim, 2015, p. 107).

O pleno emprego também é de interesse econômico, visto que, quanto maior o número de cidadãos presentes no mercado de trabalho, maior é a produção de renda para o país. Nesse sentido, para Figueiredo (2006, p. 43):

> [...] quanto maior o número de cidadãos economicamente ativos laborando de forma rentável, maior será a renda *per capita* do País, maior será o volume de arrecadação com tributos, diminuindo-se os gastos com despesas oriundas da seguridade social, notadamente previdência e assistência, que poderá focar seus esforços e recursos, tão somente, no notadamente necessitado. Cuida-se, destarte, da maximização de resultados no que tange ao uso do fator de produção humano, isto é, da mão de obra, dentro dos parâmetros estabelecidos pelas normas jurídicas legisladas pelo Estado.

Na seara do direito tributário, as normas indutoras, concernentes a esse princípio, atuam no sentido de premiar a atividade que promove a geração de empregos, em relação à especulativa (Schoueri, 2005, p. 100). No que tange a esse aspecto, o art. 195, § 9º, da CF/1988 cumpre tal objetivo ao admitir que as contribuições sociais "poderão ter alíquotas ou bases de cálculo diferenciadas, em razão da atividade econômica, da utilização intensiva de mão de obra, do porte da empresa ou da condição estrutural do mercado de trabalho" (BRASIL, 1988).[52]

No setor automotivo, escopo principal desta obra, serão abordados de modo mais aprofundado nos próximos capítulos os impactos que a desoneração do IPI teve para a (escassa) manutenção dos postos de trabalho no setor.

É o princípio da busca pelo emprego que embasa a desoneração da folha de salários, como ocorreu, por exemplo, com o advento da Medida

[52] BRASIL. Constituição da República Federativa do Brasil de 1988. *Diário Oficial da União*, Poder Legislativo, Brasília, DF, 5 out. 1988. Disponível em: http://www.planalto.gov.br/ccivil_03/constituicao/constituicaocompilado.htm. Acesso em: 13 ago. 2017.

Provisória (MP)[53] n. 563/2012, que dispôs que a contribuição previdenciária não mais incidiria sobre a folha de salários, mas dependeria das atividades desenvolvidas pelo contribuinte, sobre a receita bruta ajustada por ele auferida naquela atividade.[54]

Quanto à desoneração da folha de pagamentos, é interessante mencionar o posicionamento divergente entre Guido Mantega[55] e Henrique Meirelles.[56] Para Mantega, a mencionada desoneração possibilitaria aos setores beneficiados a contratação de um maior número de funcionários.[57] Em contrapartida, o seu sucessor, Meirelles, afirmou que a medida, em vez de estimular o crescimento dos postos de trabalho, resultou na diminuição deles.[58]

1.3.6.1. Tratamento Favorecido para as Empresas de Pequeno Porte

O princípio ora abordado é disciplinado pelo art. 179 da CF/1988 (BRASIL, 1988):

> Art. 179. A União, os Estados, o Distrito Federal e os municípios dispensarão às microempresas e às empresas de pequeno porte, assim definidas em lei, tratamento jurídico diferenciado, visando a incentivá-las pela simplificação de suas obrigações administrativas, tributárias, previdenciárias e creditícias, ou pela eliminação ou redução destas por meio de lei.[59]

[53] Convertida, posteriormente, na Lei n. 12.715/2012.

[54] Conforme LEÃO, *op. cit.*, 2015, p. 74.

[55] Economista, tendo ocupado o posto de Ministro da Fazenda entre 27 de março de 2006 até 27 de novembro de 2014.

[56] Engenheiro, Ministro da Fazenda na data de fechamento desta obra (31 de outubro de 2017).

[57] Foi dito pelo então ministro: "O objetivo [da medida, quando foi anunciada, em 2011] era reduzir custo trabalhista, mantendo os salários no patamar em que estavam. Também era concorrer melhor com produtos e serviços que vêm ao Brasil importados ou com os produtos lá fora, por meio das exportações brasileiras", e ainda: "Os setores empregaram mais do que os setores que não tiveram esse benefício. É uma das razões pelas quais o Brasil continua com baixíssimo desemprego. Também ouvimos os empresários dizendo que, a partir dessa desoneração, empresas brasileiras ganharam concorrências internacionais". MARTELLO, Alexandro. Mantega anuncia que desoneração da folha será permanente. *Globo.com*, Rio de Janeiro, 27 maio 2014. Disponível em: http://g1.globo.com/economia/noticia/2014/05/mantega-anuncia-que-desoneracao-da-folha-sera-permanente.html. Acesso em: 27 dez. 2017.

[58] A MP n. 794/2017 (que teve sua vigência encerrada) revogou a desoneração da folha de pagamento estabelecida pela MP n. 774/2017.

[59] BRASIL. Constituição da República Federativa do Brasil de 1988. *Diário Oficial da União,* Poder Legislativo, Brasília, DF, 5 out. 1988. Disponível em: http://www.

O tratamento jurídico diferenciado dispensado às empresas de pequeno porte tem relação com o princípio da igualdade vertical, segundo o qual aqueles que estão em situação diferenciada devem ter tratamento também diferenciado, considerando as suas particularidades (Schoueri, 2005, p. 101).

O princípio ora tratado também tem estreita ligação com o princípio da livre concorrência, que, para ser concretizado, depende da existência de um número razoavelmente elevado de participantes no mercado (Schoueri, 2005, p. 101). Assim, o tratamento diferenciado conferido às empresas de pequeno porte possibilita que elas existam e permaneçam no mercado, promovendo a concorrência equilibrada.[60]

Do ponto de vista tributário, a atuação das normas indutoras ligadas a esse princípio está presente na Lei Complementar (LC) n. 123/2006 – Estatuto Nacional da Microempresa e da Empresa de Pequeno Porte –, que concede tratamento tributário diferenciado do Simples Nacional, que tem como gestor o Comitê do Simples Nacional (conforme disciplinado pelo art. 2º, I) (Leão, 2015, p. 72).

Quanto ao Simples Nacional, é pertinente destacar que foi reconhecida a constitucionalidade do art. 17, V, da LC n. 123/2006, que impede microempresas ou empresas de pequeno porte de recolher impostos e contribuições na forma do Simples Nacional, caso possuam débitos, cuja exigibilidade não esteja suspensa, para com o Instituto Nacional do Seguro Social (INSS) ou com as Fazendas Públicas Federal, Estadual ou Municipal. A questão foi analisada pelo STF no RE 627.543 – Rio Grande do Sul,[61] o

planalto.gov.br/ccivil_03/constituicao/constituicaocompilado.htm. Acesso em: 13 ago. 2017.

[60] Conforme dados do Serviço Brasileiro de Apoio às Micro e Pequenas Empresas (Sebrae), pequenos negócios são os maiores geradores de emprego do país. No mês de agosto de 2013, por exemplo, as pequenas empresas foram responsáveis por quase 100% das novas vagas de emprego. Souza, Alexandre. Pequenos negócios são os maiores geradores de empregos no país. **Sebrae**, Santa Catarina, 16 out. 2013. Disponível em: http://blog.sebrae-sc.com.br/pequenos-negocios-sao-os-maiores-geradores-de-empregos-no-pais/. Acesso em: 4 out. 2017.

[61] "Recurso extraordinário. Repercussão geral reconhecida. Microempresa e empresa de pequeno porte. Tratamento diferenciado. Simples Nacional. Adesão. Débitos fiscais pendentes. Lei Complementar n. 123/06. Constitucionalidade. Recurso não provido. 1. O Simples Nacional surgiu da premente necessidade de se fazer com que o sistema tributário nacional concretizasse as diretrizes constitucionais do favorecimento às microempresas e às empresas de pequeno porte. A Lei Complementar n. 123, de 14 de dezembro de 2006, em consonância

qual reconheceu a repercussão geral, e foi entendido que o mencionado dispositivo não representa afronta à isonomia tributária.

Uma vez contextualizado o tema, parte-se, agora, para o exame da extrafiscalidade de maneira mais aprofundada.

com as diretrizes traçadas pelos arts. 146, III, *d*, e parágrafo único; 170, IX; e 179 da Constituição Federal, visa à simplificação e à redução das obrigações dessas empresas, conferindo a elas um tratamento jurídico diferenciado, o qual guarda, ainda, perfeita consonância com os princípios da capacidade contributiva e da isonomia. 2. Ausência de afronta ao princípio da isonomia tributária. O regime foi criado para diferenciar, em iguais condições, os empreendedores com menor capacidade contributiva e menor poder econômico, sendo desarrazoado que, nesse universo de contribuintes, se favoreçam aqueles em débito com os fiscos pertinentes, os quais participariam do mercado com uma vantagem competitiva em relação àqueles que cumprem pontualmente com suas obrigações. 3. A condicionante do inciso V do art. 17 da LC 123/06 não se caracteriza, *a priori*, como fator de desequilíbrio concorrencial, pois se constitui em exigência imposta a todas as pequenas e as microempresas (MPE), bem como a todos os microempreendedores individuais (MEI), devendo ser contextualizada, por representar também, forma indireta de se reprovar a infração das leis fiscais e de se garantir a neutralidade, com enfoque na livre concorrência. 4. A presente hipótese não se confunde com aquelas fixadas nas Súmulas 70, 323 e 547 do STF, porquanto a espécie não se caracteriza como meio ilícito de coação a pagamento de tributo, nem como restrição desproporcional e desarrazoada ao exercício da atividade econômica. Não se trata, na espécie, de forma de cobrança indireta de tributo, mas de requisito para fins de fruição a regime tributário diferenciado e facultativo. 5. Recurso extraordinário não provido". SUPREMO TRIBUNAL FEDERAL. *RE: 627.543 RS*, Relator: Min. Dias Toffoli, Data de Julgamento: 30 out. 2013, Tribunal Pleno, Data de Publicação: Acórdão Eletrônico. Disponível em: https://stf.jusbrasil.com.br/jurisprudencia/25342655/recurso-extraordinario-re-627543-rs-stf/inteiro-teor-159438314. Acesso em: 5 jan. 2018.

2
Contornos Jurídicos Tributários da Extrafiscalidade

O presente capítulo aborda a extrafiscalidade, com ênfase nas questões doutrinárias relacionadas ao instituto como o conceito, a terminologia empregada, o regime jurídico e a competência dos entes federados para o uso desse instrumento.

Também serão abordados, no presente capítulo, os princípios a serem observados no contexto da extrafiscalidade, princípios esses que representam uma garantia do contribuinte contra eventuais abusos.

Com os tópicos a serem abordados objetiva-se discorrer sobre o instituto com maior profundidade, construindo, assim, o embasamento para a abordagem dos capítulos seguintes.

2.1. Conceito de Extrafiscalidade (e Fiscalidade)

Como já comentado, a extrafiscalidade não é fenômeno novo no direito tributário, tendo a doutrina nacional e estrangeira já se ocupado do tema, sob diferentes perspectivas (Bomfim, 2015, p. 2). A utilização de tributos com a finalidade extrafiscal pode ser identificada no passado, por exemplo, no século XVII, podendo ser mencionada a existência, nessa época, de impostos incidentes sobre artigos de luxo, como a renda, a seda e a porcelana (Wernsmann *apud* Leão, 2015, p. 37).

No Império Romano, também existiu a *Lex Papia Poppaea*, tributo que onerava as pessoas solteiras e, em contrapartida, incentivava as famílias a terem maior número de filhos.[62] A utilização da função extrafiscal do tri-

[62] Mohr, Arthur. *Die Lenkungssteuer: ein Instrument zur Induzierung sozialorientierten Verhaltnis im Wohlfartstaat?*, Zurique, 1976, p. 64-67, *apud* Schoueri, *op. cit.*, p. 135.

buto também pode ser exemplificada pelo "imposto sobre a barba",[63] que foi instituído na Rússia, pelo Czar Pedro I, após uma viagem de dezoito meses pela Europa Ocidental; e representava uma forma de desestímulo ao uso da barba pelos homens. De modo geral, esse imposto foi criado com o propósito de estimular, à época, uma nova conduta pelos russos, mais especificamente, representou uma tentativa do Czar de fazer com que os cidadãos adotassem uma figura mais moderna, ocidentalizada. No caso, o homem que desejasse manter a barba teria o dever de pagar o imposto correspondente (Leão, 2015, p. 37). Não se poderia deixar de fazer menção, também, às Leis Santuárias existentes na era medieval, que tinham como intuito impedir que as classes mais pobres se vestissem de forma semelhante aos nobres, objetivando, assim, monopolizar o poder e enfatizar a hierarquia existente entre as classes sociais.

De fato, em função do caráter uno do Direito, não se pode analisar o fenômeno tributário considerando apenas a sua função fiscal, noutras palavras, a mera transferência de patrimônio do particular para o Estado, observadas as condições prescritas em lei. Há que se ir além e analisar o "algo a mais" do que apenas a simples obtenção das receitas tributárias (Gouvêa, 2006, p. 2). Sob o viés teleológico da norma tributária, é possível inferir que os objetivos buscados por ela ultrapassam os fins meramente arrecadatórios, conforme será analisado com maior ênfase no decorrer desta obra.

O estudo do tema demonstra que doutrinadores importantes do direito tributário brasileiro conceituam a extrafiscalidade a partir do fenômeno da fiscalidade, de modo a distinguir esses dois caracteres, estudando os dois institutos em paralelo. Assim sendo, para fins desta obra, utilizaremos o mesmo método, razão pela qual nos ateremos, também, a conceituar a fiscalidade.[64]

Leciona Fanucchi (1976, p. 56-57) que "um tributo é **fiscal**, quando a sua cobrança visa senão à arrecadação de recursos financeiros para os cofres públicos e objetiva a sustentação dos encargos que são próprios do órgão central da Administração" (grifo do autor). A partir desse conceito, Fanucchi (1976, p. 57) assim define a extrafiscalidade:

[63] O "imposto sobre a Barba" vigorou até o ano de 1772, quando foi abolido por Catarina II.

[64] Conforme Caravelli, Flávia Renata Vilela. *Extrafiscalidade:* (re)construção conceitual no contexto do Estado democrático de direito e aplicações no direito tributário. Belo Horizonte: Arraes Editores, 2015, p. 4.

> O tributo se caracteriza como **extrafiscal** no instante em que se manifestem, com a sua cobrança, outros interesses que não sejam de simples arrecadação de recursos financeiros. E esta feição dos tributos adquire grande importância na atualidade, sendo comuns as manifestações de extrafiscalidade em nosso direito positivo. (grifo do autor)

Com a mesma linha de raciocínio, Sebastião (2011, p. 133) define fiscalidade[65] para, a partir daí, conceituar extrafiscalidade:

> Nesse campo surge a *função extrafiscal* dos tributos, onde se verifica que o fim maior da instituição de determinada figura tributária **não é a arrecadação em si**, mas os efeitos indutivos de comportamento que atingem os contribuintes, de maneira a estimulá-los ou desestimulá-los a adotar determinadas condutas, sintonizadas com os objetivos sociais, políticos e econômicos do Estado. (grifo nosso)

Ataliba (1968, p. 150), por seu turno:

> [...] entende que a extrafiscalidade representa o emprego dos instrumentos tributários – evidentemente por quem os tem à disposição – como **objetivos não fiscais**, mas ordinatórios. [...] Não existem e não parece que possam existir as sonhadas finanças neutras. (grifo nosso)

Para Baleeiro (1999, 576),

> Costuma-se denominar de extrafiscal **aquele tributo que não almeja, prioritariamente, prover o Estado dos meios financeiros** adequados a seu custeio, mas antes visa a ordenar a propriedade de acordo com a sua função social ou a intervir em dados conjunturais (injetando ou absorvendo a moeda em circulação) ou estruturais da economia. Para isso, o ordenamento jurídico, a doutrina e a jurisprudência têm reconhecido ao legislador tributário a faculdade de estimular ou desestimular comportamentos de acordo com os interesses prevalentes da coletividade, por meio de uma tributação progressiva ou regressiva ou da concessão de benefícios ou incentivos fiscais (grifo nosso).

[65] Para Sebastião, "a *função fiscal* dos tributos caracteriza-se através do presente lançamento e arrecadação para os cofres públicos, com vistas à satisfação das necessidades do Estado". SEBASTIÃO, *op. cit.*, p. 133.

Ainda sobre o tema, em específico, Carvalho (2002, p. 228) ensina que "a essa forma de manejar elementos jurídicos usados na configuração dos tributos, perseguindo **objetivos alheios aos meramente arrecadatórios**, dá-se o nome de extrafiscalidade" (grifo nosso).

E, ainda, Berti (2009, p. 40) afirma que "O uso extrafiscal do tributo significa o alcance de **fins distintos dos meramente arrecadatórios**" (grifo nosso).

Cabe elucidar, ainda, que, comumente, a doutrina refere-se à extrafiscalidade como algo alheio à finalidade precípua do tributo no sentido de custear a máquina estatal, ou seja, algo alheio à função fiscal. Nesse contexto, é entendida como o emprego do tributo para a conquista de fins constitucionais que ultrapassam a mera captação de recursos aos cofres públicos (Caravelli, 2015, p. 5).

Por mais que em uma primeira análise pareça que o legislador constitucional repartiu os tributos em duas categorias (fiscais e extrafiscais), é importante mencionar, desde já, que não há tributo que seja exclusivamente fiscal ou extrafiscal (Schoueri, 2005, p. 10), razão pela qual entendemos que a eventual classificação estrita nesse sentido não se justifica.[66] Isso porque ambas as funções, em maior ou menor intensidade, coexistem em cada tributo (Schoueri, 2005, p. 10). Na mesma linha de entendimento, Carvalho (2002, p. 228-229) assevera que ambas as figuras convivem harmonicamente na mesma figura impositiva; contudo, há situações em que uma pode predominar sobre a outra. Desse modo, não existe entidade tributária que se possa dizer pura, realizando tão somente a fiscalidade ou unicamente a extrafiscalidade. É interessante notar, nesse particular, que a identificação da finalidade indutora no tributo não exclui a possibilidade de o legislador utilizá-lo também para que cumpra a sua finalidade arrecadatória.

Não obstante, diante da convivência harmônica das funções fiscal e extrafiscal no tributo, alguns doutrinadores entendem que ocorre o esvaziamento da distinção entre os mencionados institutos (Caravelli, 2015, p. 10) que acabam por se confundir. Entretanto, como visto, os autores antes citados diferenciam-nos, apesar de analisá-los de maneira conjunta.

A partir daí, pode-se inferir que a natureza, a função e o reflexo do tributo representam adjetivos com significados próprios e que não se confun-

66 Eventual classificação pode se dar para fins didáticos, para melhor entendimento dos conceitos.

dem. Em outras palavras, a natureza está vinculada ao caráter tributário ou não tributário da prestação que é exigida, em suas diferentes espécies. A função está atrelada à finalidade do tributo que pode ser preponderantemente fiscal ou preponderantemente extrafiscal. O reflexo, por seu turno, está vinculado ao efeito (fiscal ou extrafiscal) do tributo, que pode ser positivo (representado por um estímulo de comportamento) ou negativo (representado por um desestímulo de comportamento).

Com efeito, a extrafiscalidade parece representar um instrumento capaz de internalizar o custo das externalidades negativas (*e.g.*, por meio de aumento do tributo) e/ou premiar as externalidades positivas (*e.g.*, por meio da redução do tributo). Sobre o conceito de externalidade,[67] Caliendo (2014, p. 64) ensina que

> As externalidades referem-se ao conceito criado pelos economistas Marshall e Celil Pigou para se referirem aos efeitos e consequências dos atos dos agentes econômicos, dentre os quais se incluem o governo. Estes efeitos podem ser benéficos ou prejudiciais, dependendo de como se realizem. Assim, tratam-se de temas relacionados à economia e não diretamente ao Direito.
>
> O sistema jurídico recebe estas informações e as processa em sua linguagem própria, característica da normatividade jurídica. A externalidade é evento no mundo econômico que ingressa no Direito como proposição que irá compor determinado fato jurídico ou sentido de norma tributária.

O tema tem sido bastante explorado sob a perspectiva do direito tributário ambiental. De acordo com Brollo (2015, p.1),

> [...] a extrafiscalidade, dessa forma, lança mão de dois instrumentos de tutela do meio ambiente: o tributo ambiental e os benefícios fiscais. Assim, os agentes econômicos pagam por poluir (tributos ambientais) ou os contribuintes pagam aos agentes por não poluírem (benefícios fiscais ambientais).

A visão da autora materializa-se no já mencionado princípio do poluidor-pagador que, em linhas gerais, centra-se no fato de que o uso excessivo

[67] Quanto às externalidades, é interessante apontar Gregory Mankiw, segundo o qual "seria sempre por intermédio do Estado que se chegaria à solução dos benefícios ou malefícios gerados pelas externalidades". MANKIW, N. Gregory. *Introdução à economia*. Tradução de Maria José Cyhlar Monteiro. 5. ed. Rio de Janeiro: Campus, 2010, p. 201.

dos bens que constituem o meio ambiente gera prejuízos para a coletividade, de forma direta (degradação ambiental) ou de forma indireta (custo para tentar reverter o cenário de degradação).

2.2. Normas Tributárias Indutoras como Espécie do Gênero Extrafiscalidade

Muito embora esta obra tenha sido desenvolvida no contexto de um Mestrado Profissional, que não tem por objetivo o aprofundamento de aspectos puramente doutrinários, não podemos nos furtar a discorrer brevemente sobre as normas tributárias indutoras, como espécie do gênero extrafiscalidade, conforme elucida Schoueri (2005, p. 32). Para o autor, a expressão "extrafiscalidade" é demasiado ampla, ora se prestando a fazer referência a gênero (de norma tributária), ora se prestando a fazer referência à espécie. Para ele, a expressão "normas tributárias indutoras" melhor se adequaria à finalidade da norma que pudesse ser utilizada pelo Estado na intervenção por indução, no que se refere a tributos e por isso sujeitos aos princípios e regras característicos do campo tributário (Schoueri, 2005, p. 34).

Nesta obra, utilizaremos ambas as expressões – "normas tributárias indutoras" e "normas preponderantemente extrafiscais" – como equivalentes.

2.2.1. Extrafiscalidade *versus* Ultrafiscalidade

Há crítica no sentido de que a expressão extrafiscalidade não seria, etimologicamente, a mais adequada para transmitir a ideia de finalidade que vá além da simples arrecadação (fiscalidade). Passamos, em breves palavras, a analisar os elementos componentes de cada expressão.

O prefixo "extra", de origem latina, expressa a ideia de algo que tem posição exterior, que está situado externamente, que não faz parte, ou seja, a ideia que está fora. A partir da combinação do prefixo "extra" com o vocábulo "fiscalidade", depreende-se que a extrafiscalidade traduz-se, no sentido literal da palavra, em um fenômeno que não engloba a função fiscal, ou seja, que não está dentro desse universo. Conforme Zubillaga (2001, p. 46 *apud* Caravelli, 2015, p. 76),

> Com o prefixo *extra*, que significa "fora de", se pretende identificar um conceito que, de acordo com o seu próprio nome, se colocaria fora da fiscalidade, como um elemento estranho à mesma, entendendo a fiscalidade como

a utilização dos tributos com fins arrecadatórios e a extrafiscalidade como a utilização do tributo com outros fins, distintos dos arrecadatórios.

Uma vez que a extrafiscalidade é conceituada a partir da fiscalidade, com embasamento nela, pode-se inferir que a extrafiscalidade vai além da fiscalidade, mas necessariamente não está fora dela.

Ainda sobre a etimologia da expressão extrafiscalidade, interessa notar que existem autores, principalmente estrangeiros, que criticam a utilização do prefixo *extra* como caracterizador da função não arrecadatória do tributo. Nesse sentido, ao tratar da extrafiscalidade e da dogmática tributária, Juan Enrique Varona Alabern (2009, p. 18) ensina que "ultrafiscalidade" é uma expressão que melhor se enquadraria no conceito do instituto ora estudado, tendo em vista que o prefixo "ultra" faz referência àquilo que supera, ou seja, que vai além, que agrega.[68]

Embora relevante o ponto destacado acima, verifica-se que a expressão *extrafiscalidade* está consagrada na doutrina e na jurisprudência, tanto que o próprio autor (Varona Alabern), que traz essa crítica em sua obra, intitula o seu trabalho com ***Extrafiscalidad* y dogmática tributaria**.

2.2.2. Regime Jurídico da Extrafiscalidade

O regime jurídico aplicável à extrafiscalidade tem sido objeto de debate por parte da doutrina. Conforme ensina Ataliba (1966, p. 14), em uma primeira perspectiva, sustentava-se que os tributos com finalidade predominantemente extrafiscal não se subordinariam, *a priori*, aos mesmos regramentos (e limites) aplicáveis aos demais tributos. Com base na linha de entendimento do autor, os tributos ditos extrafiscais, instituídos com

[68] Conforme se nota em Varona Alabern (2009, p. 18): "No han faltado críticas de orden semántico por considerar que si los tributos con fines no fiscales son verdaderos tributos, puede resultar contradictorio un término que designa una realidad que acampa 'fuera de' dicha figura. En este sentido, algunos autores han propuesto emplear expresiones distintas, como Rodríguez Muñoz, quien aboga por utilizar el término 'ultrafiscalid', ya que 'ultra' es un prefijo cuyo significado hace referencia a lo que supera, lo que va más allá, lo que se añade" ("Não faltam críticas de ordem semântica por considerar que se os tributos com fins não fiscais são verdadeiros tributos, pode resultar contraditório um termo que designa uma realidade que se encontra 'fora' dessa figura. Neste sentido, alguns autores propuseram utilizar expressões diferentes, como Rodríguez Muñoz, que defende o uso do termo 'ultrafiscalidade', já que 'ultra' é um prefixo cujo significado faz referência ao que supera, ao que vai mais adiante, ao que agrega" – tradução livre).

o intuito de estimular ou desestimular comportamentos, estariam regidos por um regime jurídico especial diverso do regime jurídico aplicável aos demais tributos. Não apenas diverso, mas livre de entraves característicos do regime tributário ordinário, a exemplo da sujeição aos princípios da legalidade, anualidade e igualdade, etc.

Nesse particular, o sistema tributário norte-americano experimenta uma realidade distinta da realidade brasileira. Naquele ordenamento jurídico-tributário os *taxes under the policy power*[69] (tributos com finalidade preponderantemente extrafiscal) não estão sujeitos aos limites constitucionais a que se submetem os tributos ordinários.[70] Cabe destacar que o sistema tributário norte-americano é mais flexível do que o regime brasileiro, permitindo que o legislador ordinário o modifique sem grandes formalidades, assim podendo alterá-lo quantas vezes entender conveniente. Por sua vez, o direito tributário brasileiro está descrito na CF/1988, assim caracterizado como rígido, impondo limites claros à forma e ao campo de atuação do legislador infraconstitucional, cujos limites não devem extrapolar os lindes nela previstos. Tanto é assim que o Título VI, Capítulo I, Seção II, da CF/1988 trata das limitações constitucionais ao poder de tributar, limitações essas impostas aos próprios legisladores, no âmbito dos seus respectivos campos de atuação.

Permitir que o legislador infraconstitucional não cumpra os preceitos e limites constitucionais atinentes ao regime jurídico próprio dos tributos, seria dar azo a eventual arbitrariedade e ação exacerbada do ente estatal, cujo resultado poderia não se coadunar com o sistema previsto na CF/1988. Conforme elucida Ataliba, a extrafiscalidade não deve ser utilizada como vocação mágica, que afaste o conjunto de restrições que constitui o regime jurídico tributário. Entender de forma diferente seria franquear, perigosamente, ao legislador a possibilidade de agir com o arbítrio ilimitado e atentatório ao nosso regime constitucional (Ataliba, 1966, p. 14).

2.2.3. Finalidades das Normas Extrafiscais

As normas com finalidade predominantemente extrafiscal situam-se no âmbito da recomendação (Leão, 2015, p. 42), na medida em que elas obje-

[69] Tributos utilizados para a regulamentação do comércio e não propriamente utilizados para levantar recursos.

[70] Conforme elucida Ataliba, *op. cit.*, 1966, p. 16.

tivam modificar determinados comportamentos, para que o contribuinte aja a fim de que a finalidade buscada seja atingida (CORREA, 1964, p. 48-49). Ao ser instituído um tributo predominantemente extrafiscal, a sua caracterização pode se dar pela ênfase negativa ou positiva, isto é, com o intuito de incentivar ou desestimular o comportamento dos cidadãos. Nesse contexto, a tentativa de induzir comportamentos não é aleatória, mas sim proposital, na medida em que o legislador tributário, ao atuar em âmbito extrafiscal o faz com motivações de alcançar os objetivos constitucionais e modificar o *status quo*.

A aptidão por induzir comportamentos pode ser concretizada pela concessão de estímulos ou desestímulos aos destinatários da norma. À guisa de exemplo, um estímulo pode ser visualizado por uma redução de alíquota, enquanto um desestímulo pode ser visualizado por meio de aumento de alíquota.

A norma com finalidade extrafiscal não se presta, tampouco poderia se prestar, a sancionar o contribuinte em decorrência de ato ilícito, na medida em que esse fato estaria em desacordo com a própria definição de tributo prevista no art. 3º do Código Tributário Nacional (CTN) (*não constitui sanção de ato ilícito*), ou seja, se assim o fosse, a norma extrafiscal iria de encontro ao princípio da legalidade. Em outras palavras, a norma extrafiscal tem o condão de ajustar condutas lícitas para os fins previstos no texto constitucional. Assim, não tem por objetivo transformar uma conduta lícita em ilícita (LEÃO, 2015, p. 45). Ora, isso não poderia ser diferente, na medida em que o tributo atinge condutas lícitas, enquanto a sanção atinge condutas ilícitas.

Apesar disso, existem doutrinadores com diferentes entendimentos sobre o assunto. Para Becker (1998, p. 609), o tributo proibitivo possibilitaria a gradativa mudança do comportamento social não almejado antes de torná-lo efetivamente ilícito. Para esse autor, o Estado estaria autorizado a intervir em determinado fato social para impedi-lo ou desestimulá-lo por intermédio do tributo fiscal proibitivo (como forma de educar a população, neutralizando a opinião pública), antes de determinar a efetiva proibição da conduta. Não compartilhamos da visão do autor por entendermos que na medida em que exista uma proibição, ela se enquadraria na classificação de sanção, cujo tipo não se encaixa com o do tributo. Nesse sentido, concordamos com o entendimento de Caravelli (2015, p. 83), que afirma:

> Se se apurar que a sanção é insuficiente para se apurar o ilícito, deve a multa ser majorada e não utilizar a tributação de forma complementar, desnaturando o conteúdo da prestação tributária (a norma extrafiscal perderia o seu objeto), bem como constituindo *bis in idem.*

Além disso, é importante salientar que em algumas situações as normas com finalidade extrafiscal têm caráter transitório, ou seja, produzem efeitos enquanto a situação que lhe deu origem subsistir. Finda essa situação, cessam também os seus efeitos.

2.3. Tributação Extrafiscal e a Competência da União, Estados e Municípios

A competência tributária para a instituição de tributos é prerrogativa de cada um dos entes tributantes, na forma e condições estabelecidas pelo texto constitucional. Carvalho (2002, p. 211) ensina que:

> No plexo das faculdades legislativas que o constituinte estabeleceu, figura a de editar normas que disciplinem a matéria tributária [...].
>
> A competência tributária, em síntese, é uma das parcelas entre as prerrogativas legiferantes de que são portadoras as pessoas políticas, consubstanciada na possibilidade de legislar para a produção de normas jurídicas sobre tributos.
>
> [...] a competência tributária é intransferível [...].

Com isso, depreende-se que o próprio constituinte estabeleceu a competência dos entes políticos, delimitando o corresponde campo de atuação. Assim, cada ente tributante tem, também, a competência para legislar a respeito de tributos extrafiscais, em sua própria esfera de interesse.

2.3.1. Limitações à Extrafiscalidade

Como antes comentado, a extrafiscalidade não pode ser utilizada de forma arbitrária, seja por parte do legislador infraconstitucional, seja por parte do Poder Executivo, nas situações em que lhes é delegada competência tributária. Nesse particular, a atuação desses entes deve ser pautada pela fiel observância a determinados preceitos constitucionais que representam verdadeiras limitações ao poder de tributar e sobre algumas das quais passaremos a discorrer:

2.4. Princípio da Legalidade Tributária, Irretroatividade, Anterioridade e Anterioridade Nonagesimal

Os princípios a partir de agora analisados estão expressamente previstos no texto constitucional e possuem características bastante objetivas e precisas (MENDES, 2009, p. 205). Esses princípios atuam como verdadeiros delimitadores do poder de tributar e, consequentemente, da utilização da extrafiscalidade.

2.4.1. Princípio da Legalidade

O princípio da legalidade, que permeia o sistema jurídico brasileiro como um todo, está calcado no art. 5º, II, da CF/1988, cuja leitura revela que ninguém é obrigado a fazer ou deixar de fazer algo senão em virtude de lei. Segundo Amaro (2009, p. 111),

> [...] esse princípio é multissecular, tendo sido consagrado, na Inglaterra, na Magna Carta de 1215, do Rei João Sem Terra, a quem os barões ingleses impuseram a necessidade de obtenção prévia de aprovação dos súditos para a cobrança de tributos (*no taxation without representation*).

Para Xavier (1978, p. 5-6 *apud* SCHOUERI, 2005, p. 303):

> A legalidade não é assunto que interessa somente à matéria tributária. Decorrente do *pouvoir législatif*, expressa, hoje, no texto constitucional, no artigo 5º, inciso II, do texto constitucional, assegurando que "ninguém será obrigado a fazer ou deixar de fazer alguma coisa senão em virtude de lei". Impõe o constituinte, assim, o império da lei, enquanto única fonte de imposição aos cidadãos. É a manifestação concreta, no campo dos direitos e garantias individuais, da instituição, no território brasileiro, de um Estado de direito.

De fato, o princípio da legalidade consolida em alto e bom som a preservação dos direitos e garantias fundamentais individuais e coletivas, na medida em que, a partir desse princípio infere-se que o campo de atuação do Estado está restrito aos limites objetivos da lei, inclusive em matéria tributária. Por sinal, o legislador constitucional fez questão de afirmar a prevalência da legalidade como princípio basilar do sistema tributário brasileiro, no art. 150, I, da CF/1988, ao dispor que:

> Art. 150. Sem prejuízo de outras garantias asseguradas ao contribuinte, é vedado à União, aos Estados, ao Distrito Federal e aos municípios:
>
> I – exigir ou aumentar tributo sem lei que o estabeleça.[71]

A partir da leitura do trecho da CF/1988, acima transcrito, observa-se a vedação, para os entes tributantes exigirem ou aumentarem tributo sem lei que o estabeleça. O art. 97 do CTN[72] está em linha com o art. 150 da CF/1988, visto que dispõe que somente a lei pode instituir ou extinguir tributos. Da mesma forma o art. 114 do CTN, que se ocupa da definição de fato gerador, explicita que "situação definida em lei como necessária à sua ocorrência".[73]

A legalidade, em matéria tributária, foi objeto de estudo por parte de Geraldo Ataliba (1990a, p. 151), o qual entende "que tributo só pode ser criado por lei, por ato legislativo [...] um ato do Poder Legislativo esgotante, exaustivo, que diga tudo que é necessário para que se repute criado um tributo". Com o mesmo racional, Aliomar Baleeiro (2003, p. 203) ensina que:

> Os arts. 150, I e 5º, II, da Constituição vigente, referem-se à legalidade, como princípio necessário à instituição e majoração de tributos, tanto do ponto de vista formal – ato próprio, emanado do poder legislativo – como do ponto de vista material, determinação conceitual específica, dada pela lei aos aspectos substanciais dos tributos, como hipótese material, espacial, temporal, consequências obrigacionais, como sujeição passiva e quantificação do

[71] BRASIL. Constituição da República Federativa do Brasil de 1988. *Diário Oficial da União*, Poder Legislativo, Brasília, DF, 5 out. 1988. Disponível em: http://www.planalto.gov.br/ccivil_03/constituicao/constituicaocompilado.htm. Acesso em: 13 ago. 2017.

[72] Art. 97 do CTN: "Somente a lei pode estabelecer: I – a instituição de tributos, ou a sua extinção; II – a majoração de tributos, ou a sua redução, ressalvado o disposto nos 21, 26, 39, 57 e 65; III – a definição do fato gerador da obrigação tributária principal, ressalvado o disposto no inciso I do § 3º do artigo 52, e do seu sujeito passivo; IV – a fixação de alíquota do tributo e da sua base de cálculo, ressalvado o disposto nos artigos 21, 26, 39, 57 e 65; V – a cominação de penalidades para as ações ou omissões contrárias a seus dispositivos, ou para outras infrações nela definidas; VI – as hipóteses de exclusão, suspensão e extinção de créditos tributários, ou de dispensa ou redução de penalidades". BRASIL. Lei n. 5.172, de 25 de outubro de 1966. Dispõe sobre o Sistema Tributário Nacional e institui normas gerais de direito tributário aplicáveis à União, Estados e municípios. *Diário Oficial da União*, Poder Executivo, Brasília, DF, 31 out. 1966. Disponível em: http://www.planalto.gov.br/ccivil_03/leis/L5172Compilado.htm. Acesso em: 30 ago. 2017.

[73] BRASIL, *op. cit.*, 1966.

dever tributário, alíquotas e base de cálculo, além das sanções pecuniárias, dos deveres acessórios, da suspensão, extinção e exclusão do crédito tributário.

Apesar disso, o princípio da legalidade não é absoluto, na medida em que o legislador reconhece que a gestão estatal é tarefa complexa e que a máquina pública necessita, em alguns pontos, de certa flexibilidade para manejar a economia, como forma de atingir os fins que o Estado se propõe.

É a partir daí que o próprio legislador constitucional, nas condições e limites por ele definidos, concede autonomia ao Poder Executivo para alterar as alíquotas de determinados tributos, a fim de ajustá-los, por exemplo, aos objetivos da política cambial e do comércio exterior, como é o caso do Imposto de Importação (II) e do Imposto de Exportação (IE).

Outras situações nas quais o Poder Executivo possui faculdade para alterar as respectivas alíquotas são a do Imposto sobre Produtos Industrializados (IPI) e a do Imposto sobre Operações de Crédito, Câmbio, Seguro ou relativas a títulos mobiliários (IOF),[74] na forma do art. 153,

[74] Em relação ao IOF, é interessante mencionar julgado do STF abordando a constitucionalidade do art. 58 da Lei n. 9.532/1997, que trata da cobrança e recolhimento de IOF realizada pelas empresas de *factoring* adquirentes do direito creditório. No julgamento da ADI n. 1.763 MC, entendeu-se pela constitucionalidade, mesmo quando não participe da operação uma instituição financeira típica. SUPREMO TRIBUNAL FEDERAL. *Ação Direta de Inconstitucionalidade (ADI) 1.763 MC*, Relator: Min. Sepúlveda Pertence, Tribunal Pleno, julgado em 20/08/1998, DJ 26-09-2003 PP-00005 Ement VOL.-02125-01 PP-00095 RTJ VOL-00191-01 PP-00070. Disponível em: http://redir.stf.jus.br/paginadorpub/paginador.jsp?docTP=TP&docID=402868. Acesso em: 2 jan. 2018. Tal entendimento foi reafirmado no Agravo n. 347.781 AgR, julgado em 2017. Sendo as respectivas ementas: "IOF: incidência sobre operações de *factoring* (L. 9.532/97, art. 58): aparente constitucionalidade que desautoriza a medida cautelar. O âmbito constitucional de incidência possível do IOF sobre operações de crédito não se restringe às praticadas por instituições financeiras, de tal modo que, à primeira vista, a lei questionada poderia estendê-la às operações de *factoring*, quando impliquem financiamento (*factoring* com direito de regresso ou com adiantamento do valor do crédito vincendo – *conventional factoring*); quando, ao contrário, não contenha operação de crédito, o *factoring*, de qualquer modo, parece substantivar negócio relativo a títulos e valores mobiliários, igualmente susceptível de ser submetido por lei à incidência tributária questionada" (STF, 1998). E ainda: "Agravo regimental no recurso extraordinário. Medida cautelar. Ação direta. Controle concentrado. Decisão liminar. Julgamento imediato de recursos extraordinários. Possibilidade. IOF. Incidência sobre operação de *factoring*. Artigo 58 da Lei n. 9.532/97. ADI n. 1.763-MC. Liminar indeferida. Constitucionalidade. 1. Assente, na Corte, a orientação de que o julgamento de medida cautelar em ação direta de inconstitucionalidade permite a análise imediata dos recursos que tratam da matéria nela debatida. Precedentes. 2. No julgamento

§ 1º, da CF/1988, além da Contribuição de Intervenção no Domínio Econômico (Cide) relativa às atividades de importação ou comercialização de petróleo e seus derivados, gás natural e seus derivados e álcool combustível, em conformidade com o § 4º, I, *b*, do art. 177 da CF/1988, incorporado pela EC n. 33/2001.

As exceções antes comentadas denotam o reconhecimento, por parte do legislador constitucional, de que a atuação do tributo não deve se restringir apenas ao seu fim fiscal, devendo ir além, ao estimular e desestimular condutas por parte dos contribuintes.

Outro ponto a ser mencionado é que o princípio da legalidade em sua expressão de preeminência da lei não atua apenas como forma de proibir abusos, mas também como uma ordem de aplicação, isto é, a legalidade também representa um comando para a atuação administrativa. No âmbito da imposição, as autoridades fiscais não estão simplesmente autorizadas, mas têm a obrigação de fixar e executar os tributos legalmente devidos (TIPKE e LANG, 2008, p. 241).

2.4.2. Princípio da Anterioridade ao Exercício Social[75] e à Anterioridade de 90 Dias

O princípio da anterioridade está prescrito nas alíneas *b* e *c* do art. 150, III, da CF/1988, cuja dicção é a de que sem prejuízo de outras garantias asseguradas ao contribuinte é vedado aos entes tributantes cobrar tributo (i) no mesmo exercício financeiro em que haja sido publicada a lei que os instituiu ou aumentou; e (ii) antes de decorridos 90 dias da data em que haja sido publicada a lei que os instituiu ou aumentou.

A exigência do legislador constitucional insere-se como elemento de segurança jurídica para afastar a surpresa na cobrança dos tributos.

De fato, as limitações impostas pelo legislador constitucional no âmbito do princípio da anterioridade circunscrevem-se ao aspecto temporal da hipótese de incidência tributária. Ainda, no âmbito do princípio da ante-

da ADI n. 1.763-MC, o Plenário da Corte manteve a presunção de constitucionalidade do art. 58 da Lei n. 9.532/97, no que previu a incidência do IOF sobre as operações de *factoring*. 3. Nego provimento ao agravo regimental". SUPREMO TRIBUNAL FEDERAL. *RE 347.781 AgR*, Relator: Min. Dias Toffoli, Segunda Turma, julgado em 19 maio 2017, Acórdão Eletrônico DJe-114 Divulg 30-05-2017 Public 31-05-2017. Disponível em: http://portaljustica.com.br/acordao/2032833. Acesso em: 3 jan. 2018.

[75] Conforme é chamado por Schoueri em suas obras.

rioridade, o legislador buscou fornecer segurança jurídica ao contribuinte, de tal forma a prepará-lo para suportar economicamente a instituição ou a majoração de um tributo, em outras palavras, um maior custo tributário.

As exceções a esse princípio encontram-se na própria CF/1988, no capítulo de limitações constitucionais ao poder de tributar e em outros pontos do texto constitucional.[76]

O princípio da anterioridade convive pacificamente com a extrafiscalidade, visto que o legislador constitucional permitiu certa flexibilização (conforme as exceções antes demonstradas). Como assevera Cárnio (2015, p. 93),

> [...] a extrafiscalidade repousa justamente nessa percepção da importância desses tributos enquanto instrumentos passíveis de auxiliar o Estado no controle das variáveis que entenda potencial ou efetivamente lesivas ao interesse público.

2.4.3. Princípio da Irretroatividade

O princípio da irretroatividade está prescrito na alínea *a* do art. 150, III, da CF/1988 e calcado no art. 5º, II, da CF/1988. O referido princípio estabelece que é vedado instituir ou aumentar tributos em relação a fatos geradores ocorridos antes do início da vigência da lei que os houver instituído ou aumentado.

Como se pode observar, o princípio da anterioridade e da irretroatividade complementam-se, na medida em que eles buscam dar segurança

[76] Sobre as exceções: (i) Imposto de Importação e Exportação, Imposto sobre Operações Financeiras, Imposto Extraordinário em caso de Guerra ou da sua iminência – não se aplica a anterioridade ao Exercício Social, tampouco a anterioridade de 90 dias; (ii) Empréstimos Compulsórios e Imposto de Renda – aplica-se a anterioridade ao Exercício Social, contudo não se aplica a anterioridade de 90 dias; (iii) Imposto sobre a Propriedade de Veículos Automotores e Imposto sobre a Propriedade Predial e Territorial Urbana – aplica-se a anterioridade ao Exercício Social, contudo não se aplica a anterioridade de 90 dias em relação à fixação de sua base de cálculo; (iv) Imposto sobre a circulação de mercadorias e prestação de serviços de transporte interestadual e intermunicipal e de comunicação, incidente sobre combustíveis e lubrificantes, Imposto sobre Produtos Industrializados, Contribuições sociais destinadas à Seguridade Social, Contribuição de intervenção no Domínio Econômico relativa às atividades de importação ou comercialização de petróleo e seus derivados, gás natural e seus derivados e álcool combustível – não se aplica a anterioridade ao Exercício Social e se aplica a anterioridade de 90 dias. SCHOUERI, Luís Eduardo. *Direito tributário*. 6. ed. São Paulo: Saraiva, 2016, p. 330-331.

jurídica ao contribuinte. Enquanto o princípio da anterioridade possui um olhar para o futuro, o princípio da irretroatividade possui um olhar para o passado.

2.4.4. Princípios da Isonomia, Capacidade Contributiva e Não Confisco

Os princípios a partir de agora estudados possuem área de abrangência bastante ampla, não tendo sido estipulados pela CF/1988 critérios objetivos que os demarquem. Verificamos aí a importância das normas com finalidade extrafiscal no que tange à demarcação dos mencionados primados.

2.4.5. Princípio da Isonomia

Preliminarmente à abordagem do princípio da isonomia, é interessante recordar alguns dos motivos que inspiraram a Revolução Francesa. Na Idade Média, a sociedade era dividida em estamentos: clero – 1º estamento; nobreza – 2º estamento; e povo (camponeses, burguesia e *sans culottes*) – 3º estamento. Apenas o 3º estamento pagava impostos, arcando com as despesas do 1º e do 2º.

Tal modelo de tributação representava uma concessão de favores para o clero e para a nobreza, sobrecarregando o povo. Com o transpassar do tempo (e sob influência dos ideais iluministas), o 3º estamento revoltou-se, dando corpo à Revolução Francesa, cujos objetivos foram o combate ao absolutismo monárquico e aos privilégios que o clero e a nobreza sustentavam em detrimento do povo.

A Revolução Francesa pôs fim à sociedade dividida em estamentos e trouxe consigo, dentre outros, o princípio da generalidade tributária e, em decorrência de tais fatos, no Estado moderno, houve o esvaziamento da possibilidade de um ditador conceder privilégios fiscais, a seu bel-prazer, aos que lhe sejam íntimos e aos seus partidários (Tilbery,1975 *apud* Mendes, 2009, p. 209).

É interessante trazer os apontamentos de Luciano Amaro (2009, p. 135):

> Esse princípio implica, em primeiro lugar, que, diante da lei "x", toda e qualquer pessoa que se enquadre na hipótese legalmente descrita ficará sujeita ao mandamento legal. Não há pessoas "diferentes" que possam, sob tal pretexto, escapar do comando legal, ou dele ser excluídas.

O art. 5º do texto constitucional elenca que: "Todos são iguais perante a lei, sem distinção de qualquer natureza".[77] Contudo, é importante frisar que o texto constitucional não se refere à igualdade meramente formal, permitindo que pessoas que se encontram em situação de desigualdade tenham tratamento distinto,[78] possibilitando o alcance da efetiva igualdade material.[79]

Nesse sentido, José Afonso da Silva (2009, p. 13) considera o princípio da isonomia como princípio fundamental do Estado democrático de direito. Para o autor, a lei deve primar pela perseguição da igualdade entre os socialmente desiguais.

Humberto Ávila (2006 *apud* MENDES, 2009, p. 208) entendeu que os tributos criados com fins extrafiscais se afastam, de determinado modo, do princípio da isonomia. Para o autor, o controle dessas normas deveria ser realizado por meio da proporcionalidade, cuja utilização repercutiria mais efeitos positivos do que negativos para a concretização dos princípios consagrados na Constituição. Assim como Mendes (2009, p. 211), não nos filiamos ao entendimento do autor. Entendemos que as normas extrafiscais, quando instituídas levando em consideração os interesses reais da sociedade, não representam afronta ao princípio da isonomia.

[77] A Constituição de 1934, 1, já trazia expresso que: "Todos são iguais perante a lei. Não haverá privilégios, nem distinções, por motivo de nascimento, sexo, raça, profissões próprias ou dos pais, classe social, riqueza, crenças religiosas ou ideias políticas". BRASIL. Constituição da República dos Estados Unidos do Brasil. *Diário Oficial da União*, Poder Executivo, Brasília, DF, 19 dez. 1935. Disponível em: http://www.planalto.gov.br/ccivil_03/constituicao/constituicao34.htm. Acesso em: 15 ago. 2017. É interessante destacar também que a Declaração Universal dos Direitos Humanos da Organização das Nações Unidas (ONU) expressa, em seu art. 1º, que: "Todos os seres humanos nascem livres e iguais em dignidade e em direitos. Dotados de razão e de consciência, devem agir uns para com os outros em espírito de fraternidade". UNICEF-BRASIL. *Declaração Universal dos Direitos Humanos. Adotada e proclamada pela Assembleia Geral das Nações Unidas (Resolução 217 A III) em 10 de dezembro 1948. Disponível em:* https://www.unicef.org/brazil/pt/resources_10133.htm. *Acesso em: 12 dez. 2017.*

[78] Nos moldes do que ensina Carrazza, a lei não deve tratar de modo distinto os contribuintes que se encontram em situação equânime; entretanto, o princípio da igualdade exige que a lei realize discriminações, na medida da desigualdade, a contribuintes que estejam em situação jurídica distinta. CARRAZZA, Marco Antonio. *Curso de direito constitucional tributário*. 27. ed. São Paulo: Malheiros, 2011, p. 77.

[79] Na seara tributária, podemos exemplificar essa realidade por meio do tratamento diferenciado permitido às empresas de pequeno porte.

2.4.6. Princípio da Capacidade Contributiva

O princípio da capacidade contributiva pode ser entendido como um desdobramento do princípio da igualdade. Nesses moldes, mesmo que não tenha sido expressamente previsto pela Carta Magna, o mencionado princípio encontra respaldo como formulação implícita, nas dobras do primado da igualdade (Carvalho, 2015, p. 302). Destaca-se ainda que a capacidade contributiva e a isonomia possuem estreita relação entre si, atuando de forma complementar.

O princípio da capacidade contributiva irá atuar de maneira a controlar se a tributação que incide sobre determinado contribuinte, realmente, tem carga tributária compatível com a manifestação de riqueza do indivíduo. Nesse aspecto, o princípio da capacidade contributiva fundamenta-se na presunção de que o contribuinte abarcado pela norma possui real condição de transferir ao Estado parcela de seu patrimônio. Assim, percebe-se a riqueza como critério de diferenciação (Mendes, 2009, p. 211).

Parte da doutrina entende que as normas tributárias de cunho fiscal estariam limitadas pelo princípio da capacidade contributiva, enquanto as normas extrafiscais não deveriam observância a ele. Nesse sentido, de acordo com Caravelli (2015, p. 98-99):

> A capacidade contributiva deve ser efetivo elemento dos tributos fiscais, a embasar e justificar a arrecadação tributária, quando busca os sinais da riqueza do contribuinte de forma a distribuir com justiça a carga tributária na sociedade. Mas outros critérios podem fundamentar o tributo, tais como os diversos bens jurídicos protegidos pela Constituição.
>
> Como a extrafiscalidade visa à indução de comportamentos, a capacidade contributiva não fundamenta o tributo. O fundamento da norma extrafiscal é a proteção de algum bem ou direito amparado pelo ordenamento jurídico constitucional, o qual será atingido pelo comportamento que se pretende estimular ou desestimular com a norma.

Também Bomfim (2015, p. 30) considera que "as normas tributárias com finalidades fiscais atenderiam à capacidade contributiva, enquanto as normas tributárias extrafiscais, não". Zilveti (2004, p. 196), por sua vez, adota posicionamento mais radical ao defender que "a extrafiscalidade não tem nenhuma relação com o princípio da capacidade contributiva".

Entendemos que as normas extrafiscais não estão totalmente alheias ao princípio da capacidade contributiva e devem observância à proporcionalidade em sua incidência. Ressaltamos, ainda, a importância do respeito ao mínimo existencial que não deve ser de modo algum afastado.

Assim, filiamo-nos à corrente mais conciliadora a qual defende que a capacidade contributiva não estaria completamente afastada, no caso das normas tributárias extrafiscais, existindo, tão somente, a atenuação da eficácia do mencionado princípio. Desse modo, as normas extrafiscais devem observância à manutenção do mínimo vital do particular, bem como às garantias constitucionais que respaldam a relação indivíduo-Estado (Schoueri, 2005, p. 290-291).

2.4.7. Princípio do Não Confisco

Piketty (2014, p. 491-492) informa em sua obra que, ao longo do século XX, os países anglo-saxões, em particular os Estados Unidos, inventaram o imposto confiscatório sobre as rendas e os patrimônios julgados excessivos. Não obstante, segundo o mesmo autor, "esse fato é tão contrário às percepções que se têm dos Estados Unidos e do Reino Unido, desde os anos 1970-1980, tanto no exterior quanto dentro destes países". Na história do Brasil, também ocorreram situações em que os tributos foram utilizados com o efeito de confisco, como foi o exemplo da Derrama, no Brasil Colônia.[80]

No Brasil, o princípio do não confisco concede segurança jurídica em relação ao patrimônio dos contribuintes. De acordo com os ensinamentos de Carrazza (2011, p. 81), o princípio do não confisco decorre do princípio da capacidade contributiva. Entretanto, tais institutos não se confundem: enquanto a capacidade contributiva mostra-se como critério de diferenciação a ser considerado na quantificação de uma imposição tributária, o não confisco, por sua vez, estabelece um limite. Nos moldes do que elucida Berti (2009, p. 154),

[80] Na época do Brasil Colônia, não existia nenhum método desenvolvido para estabelecer as quotas dos impostos. A Coroa portuguesa aumentava os tributos a seu livre-arbítrio, buscando a arrecadação para Portugal. A Derrama caracterizou-se como a cobrança forçada de impostos atrasados sobre todo e qualquer meio de produção. BARROS, Fernanda Monteleone. *A evolução das obrigações tributárias nas Constituições brasileiras e os reflexos no atual regime tributário de energia elétrica*. 2012. 54 f. Monografia (Especialização em Direito da Regulação) – Instituto Brasiliense de Direito Público, Brasília, DF, 2012. Disponível em: http://dspace.idp.edu.br:8080/xmlui/bitstream/handle/123456789/243/Monografia_Fernanda%20Monteleone%20Barros.pdf?sequence=1. Acesso em: 5 ago. 2017.

> [...] Princípio do Não Confisco, é um instrumento importante em defesa do contribuinte e do próprio direito de propriedade, funcionando como limitação coerente e permanente ao poder de tributar do Estado, o qual, ao pretender fazer uso das diversas formas de competência tributária deferidas pela Constituição, deverá ter presente a regra da não confiscatoriedade.

Outro importante autor a ser mencionado é Schoueri (2005, p. 301-302), para quem: "O princípio da proibição de efeito de confisco exterioriza a necessidade de um limite máximo para a pretensão tributária. Refere-se, assim, à capacidade contributiva em seu sentido subjetivo".

A CF/1988, em seu art. 150, IV, veda à União, Estados e municípios a utilização do tributo com efeito de confisco. Verificamos a limitação imposta aos entes políticos e clara proteção ao direito de propriedade, garantindo ao indivíduo que o Estado não poderá tributar de forma que exija o recolhimento de toda a riqueza privada.

Ressalta-se, todavia, que a CF/1988, mesmo limitando a atuação do Fisco, não estabelece critérios objetivos que demarquem, de forma certa (como um valor percentual, exemplificativamente), as fronteiras de atuação dos entes tributantes. Nesse contexto, é possível observar a importância dos tributos extrafiscais no que tange à demarcação do primado do não confisco.

Passaremos, agora, a abordar com maior detalhamento os institutos da imunidade, isenções e benefícios e a relação deles com a extrafiscalidade.

3
A Extrafiscalidade e sua Materialização

O presente capítulo discorre acerca dos institutos dos incentivos, isenções e imunidades e a relação que eles guardam com a extrafiscalidade. Serão abordados, no presente capítulo, os reflexos da utilização desses institutos do ponto de vista do direito financeiro (renúncia de receita e destinação de recursos públicos para o setor privado), além de alguns aspectos econômicos (curva da oferta e da demanda e ambiente em que se insere a norma extrafiscal), que entendemos devem ser considerados pelo legislador no âmbito da análise e edição de normas indutoras.

3.1. Tipos de Normas Indutoras

A partir de agora, passaremos a discorrer acerca dos reflexos da extrafiscalidade sob a perspectiva da imunidade, dos incentivos, das isenções e dos tributos que possuam natureza essencialmente indutora.

O adequado entendimento e a contextualização dessas figuras jurídicas, e sua respectiva interligação entre o direito financeiro e o direito tributário, são relevantes no contexto desta obra, na medida em que, especialmente incentivos, isenções e tributos ditos indutores são mecanismos típicos da extrafiscalidade por meio dos quais o Estado preserva valores constitucionais e atinge os objetivos econômicos e sociais que estão por trás das normas indutoras.

É importante, nesse processo, considerar as variáveis econômicas que devem influenciar na avaliação do legislador antes da edição de uma norma tributária indutora. A título exemplificativo, ao serem concedidos "privilégios" fiscais (ou encargos), a determinado setor, devem ser observados os impactos que poderão repercutir no âmbito de direitos fundamentais, por exemplo, a livre concorrência. Por essa razão, como será analisado, mais adiante, a edição de uma norma tributária extrafiscal deve ser precedida de um estudo econômico, financeiro e social detalhado. O objetivo deste estudo deve valorar não somente o impacto da extrafiscalidade para o(s) contribuinte(s) diretamente afetado(s), mas também para outros contribuintes que possam pertencer ao mesmo segmento econômico e assim ficarem em situação de vantagem ou desvantagem em função da norma extrafiscal.

3.1.1. Imunidade

O estudo das imunidades será iniciado sob a perspectiva doutrinária. Segundo Schoueri (2016, p. 243), "quando a Constituição Federal confere competências tributárias a cada entre tributante, ela mesma trata de limitar o poder que foi conferido. Isso se dá por meio das imunidades", que, nos dizeres de Martins (2010), "representam uma vedação absoluta ao poder de tributar". Para Gouvêa (2006, p. 211), "a imunidade é tida como limitação ao poder de tributar ou como norma de estrutura, que subordina a feitura de normas de comportamento". Borges (2011, p. 219), por seu turno, ao tratar das limitações impostas pelo legislador constituinte ao poder tributário, lembra "a expressão utilizada pelo mestre Geraldo Ataliba, que refere-se à imunidade tributária como 'ontologicamente constitucional', e a distingue da isenção 'que está sob a reserva de lei'".

Por conseguinte, pode-se inferir que a imunidade, que opera regra geral no âmbito dos impostos,[81] representa uma hipótese de não incidência tributária constitucionalmente prevista. Ela recai sobre determinadas situações as quais o poder constituinte entendeu indispensáveis para que o Estado atinja aos seus fins sociais. Essas situações, conforme ensina Barreto (2001, p. 34), "representam valores privilegiados, protegidos pela ordem constitucional".

A imunidade tributária encontra guarida no inciso VI do art. 150 da CF/1988, que, por seu turno, veda aos entes tributantes a instituição de tri-

[81] Existem outras hipóteses de imunidade, previstas na CF/1988, no âmbito da seguridade social. São elas: (i) da aposentadoria e pensão concedidas pelo Regime Geral de Previdência Social (RGPS) (art. 195, II); (ii) das receitas decorrentes de exportação (art. 149, § 2º, II); e (iii) das entidades beneficentes de assistência social (art. 195, § 7º).

butos sobre patrimônio, renda ou serviços uns dos outros (alínea *a*); templos de qualquer culto (alínea *b*); patrimônio, renda ou serviços dos partidos políticos, inclusive suas fundações, das entidades sindicais dos trabalhadores, das instituições de educação e de assistência social, sem fins lucrativos, atendidos os requisitos da lei (alínea *c*); livros, jornais, periódicos e o papel destinado a sua impressão (alínea *d*); e fonogramas e videofonogramas musicais produzidos no Brasil contendo obras musicais ou literomusicais de autores brasileiros e/ou obras em geral interpretadas por artistas brasileiros, bem como os suportes materiais ou arquivos digitais que os contenham.[82]

Nas palavras de Dória (1964, p. 238), os valores constitucionais antes transcritos e abarcados pela imunidade devem ser protegidos do poder tributante ou, mais especificamente, em suas palavras, da "decretação de tributos",

> E se determinados interesses individuais são protegidos contra a ação direta do Estado, não se há de tolerar que sejam obliquamente infringidos, sob pena da absoluta inocuidade e até inutilidade de todo o aparelhamento constitucional vigente.

Isso porque, mais do que simples interesses, eles constituem direitos fundamentais (invioláveis) do Estado de direito.

Apesar da sua natureza, a imunidade não deve ser entendida como uma total supressão do poder de tributar, poder esse que vai além da mera aptidão do Estado de gerar receitas por meio da arrecadação. Como enfatiza Avi-Yonah (2008, p. 17), "o tributo tem 3 (três) funções: (i) gerar receitas ao Estado; (ii) redistribuir a riqueza e (iii) regulamentação". Logo, depreende-se que a tributação pode se travestir de diversas formas para a conquista dos seus objetivos constitucionais e, nesse particular, a não tributação também pode ser estrategicamente utilizada para a perseguição desses objetivos, inclusive em âmbito constitucional.

A partir daí se verificam as formas pelas quais a função indutora da norma tributária pode se materializar, seja pela não tributação, seja pela fixação de uma determinada quantidade de tributação (maior ou menor) (Silveira e Scaff, 2015, p. 27-30). Comprova-se, assim, a importância da análise das imunidades no tratamento do tema extrafiscalidade.

[82] Salvo na etapa de replicação industrial de mídias ópticas de leitura a *laser* (alínea *e*); esta última alínea incorporada ao texto constitucional com o advento da EC n. 75/2013.

Em termos práticos, a lógica extrafiscal que embasa a imunidade é a da não tributação das riquezas geradas nas situações por ela acobertadas e que objetivam proteger bens maiores, como exemplo a vedação quanto à instituição de tributos sobre templos de qualquer natureza (art. 150, VI, *b*, da CF/1988), que prima pela consagração do direito fundamental à liberdade religiosa (art. 5º, VI, da CF/1988). Nesse caso, nota-se uma forma de estimular a subsistência e aperfeiçoamento dos valores abrangidos pela imunidade, concretizada em norma indutora que estimula condutas (preservação e aperfeiçoamento de valores constitucionais), em detrimento da arrecadação.

Meirelles (1984, p. 380-381) sustenta a extrafiscalidade em termos de "utilização do tributo como meio de fomento ou de desestímulo a atividades reputadas convenientes ou inconvenientes à comunidade". A partir de uma perspectiva empírica, Botelho (1994, p. 100) discorre sobre a extrafiscalidade nas funções do tributo, da seguinte forma:

> [...] pode ser instrumentalizada pela imposição, pela supressão ou mesmo pela não imposição de um tributo. Tradicionalmente, procura o Poder Público fazer frente às necessidades e objetivos pela imposição de um ônus tributário, vale dizer, dentro de um sistema clássico, o Estado planeja, arrecada e executa. Muitas vezes, no entanto, a sistemática tradicional se mostra ineficaz ou inconveniente à consecução de determinadas finalidades públicas. Isto porque há necessidades que não são susceptíveis de satisfação por parte do Estado, mas tão somente, por parte do particular.

Apesar da importância da imunidade, como instituto constitucional tributário e da riqueza de estudos que podem ser realizados a partir dela, não é objeto desta obra o aprofundamento acerca do tema. Passamos, agora, a discorrer sobre o conceito de incentivo fiscal para posteriormente tratarmos da isenção, que, para Coelho (2000, p. 31), representa uma "simples previsão de intributabilidade".

3.2. Incentivos Fiscais

3.2.1. Alcance da Expressão Incentivo Fiscal e Distinção Conceitual entre "Incentivo" e "Benefício"

O vocábulo "incentivo" é comumente utilizado no dia a dia do operador do direito tributário com diferentes acepções, mais ou menos precisas. Ora se utiliza o termo "incentivo" para denominar genericamente toda e qualquer espécie de subsídio concedido ao contribuinte pelo poder público, ora ele é utilizado de forma mais técnica, em conformidade com a sua natureza, motivação, objeto e contraprestação por parte do contribuinte, característica essa que lhe confere o *status* de gratuito ou oneroso, na forma da lei.

O tema, em específico, foi objeto de estudo por parte de Borges (2011, p, 14), que se manifesta no sentido de que as seguintes espécies de subsídios governamentais se encaixam no conceito de incentivo fiscal:

> A noção genérica de incentivos fiscais abrange ou pode abranger, além das isenções, outras espécies tributárias, como a alíquota reduzida (esta poderá ser reconduzida à categoria das isenções parciais ou reduções do tributo, que operam também pelo expediente técnico da redução da base de cálculo), bonificação, deduções para depreciação acelerada, suspensão dos impostos, crédito do imposto para aplicação em determinados investimentos etc.

De acordo com o Dicionário Houaiss da Língua Portuguesa (2001, p. 1.592), o vocábulo "incentivo" exprime estímulo, encorajamento ou incitamento. Esses substantivos, como se pode depreender, relacionam-se a condutas (conjunto de ações de um indivíduo ou de uma coletividade).

Com o mesmo entendimento, Machado Segundo (2015, p. 201) conceitua os incentivos fiscais como "o tratamento fiscal diferenciado, favorecido, que visa a incentivar a prática de determinadas condutas, estados ou situações, de sorte que certos objetivos sejam atendidos". Ao tratar dos "benefícios fiscais", o mesmo autor entende que, embora essa expressão:

> [...] possa ser usada para designar essas mesmas figuras ou situações rotuladas de forma mais precisa com a expressão "incentivos fiscais", é de significação mais ampla ou genérica, envolvendo toda sorte de tratamento favorecido [...].

É interessante notar o conceito de benefício fiscal (*tax relief*) consoante a doutrina de Bevilacqua (2010a, p. 24), para quem "os benefícios fiscais correspondem também a medidas de desoneração tributária com vistas a compensar/adequar determinada situação de desvantagem com a base constitucional de incidência do tributo".

Apesar da existência de eventual atecnicidade acerca do vocábulo "incentivo" ou "benefício" em matéria tributária, parece que o termo *benefício* é mais amplo, ao abarcar toda e qualquer desoneração tributária concedida pelo poder público em prol do particular, razão pela qual se opta, a partir de agora, pela utilização da expressão *incentivo* nesta obra.

3.2.2. Incentivo Fiscal como Objeto da Norma Tributária

Como antes comentado, o vocábulo *incentivo* se coaduna com *estímulo, encorajamento* ou *incitamento*. O que se verifica é que o incentivo é um vocábulo cujo objeto exprime comportamento.

A partir daí, é possível entender que a norma tributária, a qual tenha por objeto a concessão de determinado incentivo fiscal, pode ser classificada como norma indutora de comportamento, que se traduz pela intenção do legislador em atingir determinado fim econômico e/ou social, por meio de estímulos ou desestímulos aos agentes econômicos envolvidos.

Conforme as lições de Ataliba (1990b, p. 233):

> Consiste a extrafiscalidade no uso de instrumentos tributários para obtenção de finalidades não arrecadatórias, mas estimulantes, indutoras ou coibidoras de comportamentos, tendo em vista outros fins, a realização de outros valores constitucionalmente consagrados [...].

Constata-se que a norma que tenha por objeto a concessão de incentivo ou benefício fiscal preenche as características antes transcritas. Vejamos. Eventual não tributação ou a menor quantidade de tributação comprova a finalidade não arrecadatória da norma. A riqueza não tributada e deixada à disposição do particular estimula comportamentos e, por fim, o processo legislativo e os valores estimulados devem estar constitucionalmente abarcados.

Para corroborar essa interpretação, Oliveira (2006, p. 45) afirma que:

> [...] a tributação extrafiscal é aquela orientada para fins outros que não a captação de dinheiro para o Erário, tais como a redistribuição da renda e da terra, a defesa da indústria nacional, a orientação dos investimentos para setores produtivos ou mais adequados ao interesse público, a promoção do desenvolvimento regional ou setorial etc.

As situações mencionadas pelo autor como hipóteses de redistribuição de riqueza encaixam-se em casos clássicos de incentivos fiscais concedidos por meio de normas tributárias extrafiscais. Como exemplo, pode-se mencionar a concessão de incentivos fiscais federais (redução do Imposto sobre a Renda da Pessoa Jurídica [IRPJ], devido com base no lucro da exploração ou depreciação incentivada acelerada para efeito de determinação do IRPJ, entre outros) com o intuito de estimular a criação e desenvolvimento de empreendimentos industriais nas regiões Norte ou Nordeste do país.

Outro caso similar é o da autorização para a concessão de regimes especiais de tributação diferenciada para as microempresas e empresas de pequeno porte (art. 146, III, *d*, da CF/1988), como é o caso do Simples Nacional,[83] que teve como viés a simplificação das obrigações tributárias principais e acessórias às quais os contribuintes enquadrados nessa categoria estão sujeitos, dentre os quais o microempreendedor individual (MEI). Definitivamente, como aduz Pacobahyba (2014, p. 99), o estímulo a esses pequenos empresários é um

> [...] poderoso instrumento de reforço da cidadania e liberdade [...] e se coaduna com as finalidades constitucionais que ultrapassam o Sistema Tributário Nacional e que se relacionam com os próprios fundamentos da República Federativa do Brasil.

Passaremos agora a discorrer acerca dos denominados incentivos financeiros, também enquadrados como normas indutoras, cuja base legal consta dos arts. 26 a 28 da LRF.

3.3. Incentivos Financeiros

No caso dos incentivos financeiros, o Estado emprega as despesas públicas para estimular atividades desenvolvidas por particulares, afeitas ao interesse público, encorajando comportamentos por meio de diferentes instrumentos, como concessão de empréstimos com juros subsidiados, restituição de tributos, entre outros (Correia Neto, 2016, p. 10). Como assevera Oliveira (2014, p. 668), o incentivo financeiro é definido "como auxílio financeiro previsto no orçamento público, para ajudar entidades públicas ou particulares a desenvolver atividades assistenciais, culturais ou empresariais".

Para Torres (2000, p. 259):

> [...] A verdade é que a receita e a despesa são entes de relação, existindo cada qual em função do outro, donde resulta que tanto faz diminuir-se a

[83] LC n. 123/2006 e legislação correlata.

> receita pela isenção ou dedução, como aumentar-se a despesa pela restituição ou subvenção [...].

Do exposto, pode-se inferir que os incentivos financeiros representam estímulos ou desestímulos do Estado ao particular para a realização de condutas afeitas ao interesse público, de cunho econômico e social. A título de exemplo, podem ser mencionados os incentivos de financiamento do ICMS, como é o caso do Produzir,[84] incentivo financeiro concedido pelo Governo do Estado de Goiás, com o objetivo de estimular a implantação, expansão ou revitalização de indústrias localizadas naquela região. Por meio do Produzir, a parcela mensal do ICMS é financiada pelo Estado de acordo com a legislação aplicável.

Como se pode concluir, as normas tributárias cujo objeto é a concessão de incentivos, sejam eles de natureza financeira, sejam eles de natureza fiscal, encaixam-se no conceito de norma indutora.

Por fim, tratamos, a partir de agora, da isenção. Apesar de a isenção parcial poder ser considerada como uma espécie do gênero incentivo fiscal, optou-se por discorrer de forma específica sobre o instituto em função da sua relevância no ordenamento jurídico-tributário.

3.4. Isenção

Diferentemente da imunidade, que opera sob o plano constitucional, a isenção opera sob o plano infraconstitucional. Para Machado (2015, p. 330), o que distingue, em essência, a isenção da imunidade "é a posição desta última em plano hierárquico superior". De acordo com Sousa (1975, p. 97), "a isenção é o favor fiscal concedido por lei". Ainda, segundo o mesmo autor:

> [...] é importante fixar bem as diferenças entre não incidência e isenção: tratando-se de não incidência, não é devido o tributo porque não chega a surgir a própria obrigação tributária; ao contrário, na isenção o tributo é devido, porque existe a obrigação, mas a lei dispensa o seu pagamento; por conseguinte, a isenção pressupõe a incidência, porque é claro que só se pode dispensar o pagamento de um tributo que seja efetivamente devido.

[84] Programa de Desenvolvimento Industrial de Goiás, com nova redação dada pelo Decreto n. 5.265/2017. Esta obra não se prestou a analisar o tema do ponto de vista da denominada guerra fiscal ou mesmo se aprofundar em sua análise.

O entendimento de Souza, que foi autor do anteprojeto e relator geral do CTN (MINISTÉRIO DA FAZENDA, 1954), foi orginalmente incluído no art. 220 do anteprojeto, cuja redação foi no sentido de que a "isenção é a dispensa legal do pagamento do tributo devido".[85] O Projeto de Lei do CTN, desenvolvido a partir daquele anteprojeto, repisou em seu art. 141 o mesmo conceito de isenção constante no anteprojeto. A partir daí a redação que prevaleceu no art. 175 do CTN é a de que a isenção é uma forma de exclusão do crédito. O posicionamento de Souza é consistente com o ponto de vista de Falcão (2002, p. 35), que conceituou a isenção como "a dispensa do pagamento de um tributo devido". Apesar disso, faz-se notar que esse entendimento não é uniforme. Vejamos.

A natureza jurídica da isenção tributária tem sido objeto de debate por parte da doutrina, com existência de doutrinadores com um entendimento oposto ao de Sousa e de Falcão, antes citados. Para os autores que entendem que a isenção não é uma forma de exclusão do crédito tributário, de modo geral, a obrigação tributária não chega a nascer quando ocorre a isenção ou, simplesmente, a "norma jurídica de isenção correspondente a uma hipótese de não incidência legalmente qualificada" (Costa, 2009, p. 82-83).

Com efeito, faz-se notar que o tema é complexo e, como bem assevera Machado (2015, p. 331), "há quem diga que a norma de isenção revoga norma de tributação [...] outros sustentam que a isenção é uma hipótese de não incidência". E outros, ainda, entre os quais o autor se inclui, "dizem que a isenção é uma exceção à norma que estabelece a hipótese de incidência tributária". À guisa de exemplo, outro ponto enfrentado pela doutrina refere-se à natureza jurídica da denominada "isenção parcial". Enquanto parte da doutrina (Machado, 2015, p. 330-337) entende ser possível sustentar juridicamente a existência de dois tipos de isenções – *as totais e as parciais* –, outras[86] entendem que a isenção parcial não se qualifica como isenção, defendendo que a diminuição parcial (e não a diminuição total)

[85] Segundo Lacombe, havendo a exclusão da exigibilidade do crédito, teremos a existência da obrigação (*debitum, schuld,* relação de débito), sem o correspondente crédito (*obligatio, haftung,* relação de responsabilidade). Excluída, no entanto, a relação de responsabilidade (*obligatio, haftung,* crédito tributário), perde o sujeito ativo o poder de agredir o patrimônio do sujeito para forçar a prestação, isso porque se extinguiu o elemento coativo da relação obrigacional. Lacombe, Américo Masset; Peixoto, Marcelo Magalhães (coord.). *Comentários ao Código Tributário Nacional.* São Paulo: MP Editora, 2005, p. 322.

[86] Conforme citação de Sacha Calmon Navarro e Luciano Amaro.

do crédito tributário não representa tecnicamente uma isenção, mas sim hipótese de redução do tributo, além de não constar na CF/1988 (Miguez de Mello e Simões, 2015, p. 142-143).

Para Gouvêa (2006, p. 212), "as isenções podem ser classificadas em condicionais e incondicionais, temporárias e por prazo indeterminado, gerais e individuais, regionais ou irrestritas", e sempre devem conter uma motivação vinculada ao atingimento de determinado fim. De igual forma, Tôrres (2001, p. 89) enfatiza que:

> Qualquer isenção somente pode ser concedida **para atender a um objetivo fundamental do Estado ou a um interesse público relevante**, fundamentado nos princípios constitucionais que a Constituição Federal alberga (arts. 3º ou 4º, da CF, dentre outros); toda isenção é forma de regime excepcional, forma de privilégio e, como tal, superadora dos limites dos princípios da isonomia tributária (art. 150, II, CF). (grifo nosso)

A isenção, a exemplo da imunidade, é norma indutora, na medida em que a partir dela estimulam-se comportamentos ou situações, de tal sorte que os propósitos a partir dos quais ela foi criada sejam atingidos. Silveira e Scaff (2015, p. 142-143), ao discorrer sobre a isenção, enfatizam que:

> [...] ela não é antagônica nem estranha à incidência. É outra face da mesma moeda. É poder tão relevante quanto o de instituir e cobrar tributo – faz parte deste, em verdade. A possibilidade de conceder incentivos é atributo da competência.

E não poderia ser diferente, na medida em que a isenção privilegia uma das três funções do tributo, que é a de redistribuição da riqueza. Ora, sob um prisma extrafiscal, riqueza não tributada deve ser empregada na geração de nova riqueza e, quanto mais riqueza em poder do particular, mais estímulo existirá, razão pela qual a motivação é intrínseca à extrafiscalidade, na modalidade de causa (mais ou menos tributo), meio (mais ou menos estímulo) e resultado (mais ou menos impacto, tangível ou intangível).

3.5. Tributos Essencialmente Extrafiscais

Por mais que os tributos, em geral, representem normas de comportamento, há tributos que por suas características específicas podem ser classificados como tributos essencialmente extrafiscais.

Tanto é verdade que a própria CF/1988 ocupou-se de eximir determinados tributos da observância de princípios que são limitadores ao poder de tributar. O racional por trás é o de que tais tributos são, na visão do legislador constitucional, instrumentos eficazes de manejo de intervenção do Estado na economia. Nesse contexto, podem ser mencionados o II, o IE, o IOF e o IPI, além da própria Cide, que representa um instrumento típico de intervenção na economia.

Exemplo de tributo extrafiscal é o Fundo de Universalização dos Serviços de Telecomunicações (Fust), instituído pela Lei n. 9.98/2000. A par das discussões existentes acerca da sua natureza jurídico-tributária (*e.g.*, enquadramento como Cide), que não iremos nos estender por não ser objeto desta obra, trata-se de contribuição inicialmente criada em consonância com o plano geral de metas para universalização de serviços de telecomunicações ou suas ampliações. Outro exemplo a ser citado é da Cide-Combustíveis, instituída pela Lei n. 13.336/2001. Ambos os casos serão analisados sob a ótica do TCU no capítulo seguinte.

3.6. A LRF e a sua Relação com a Extrafiscalidade

Do ponto de vista do direito financeiro, a concessão de incentivos fiscais e financeiros está sujeita às disposições contidas na LRF, que regulamentou os incisos I, II, III e IV do art. 163 e art. 169 da CF/1988.

A LRF, que foi editada no contexto do Programa de Estabilidade Fiscal (PEF), apresentado pelo Governo Federal em outubro de 1998,[87] como resposta à crise econômica internacional iniciada nos países asiáticos em 1997, tem como dois dos seus pilares a busca pelo equilíbrio na gestão das despesas e das receitas públicas, além da definição dos parâmetros que devem ser seguidos pelo administrador público na gestão responsável da coisa pública. Nessa perspectiva, a LRF representou um importante instrumento de reafirmação da democracia brasileira e, mais especificamente, como pontuam Abrucio e Loureiro (2005, p. 93):

> [...] um marco importante no federalismo fiscal no país, não apenas porque objetivou melhor a gestão fiscal de todos os níveis de governo, mas, sobretudo, porque apontou para um novo padrão de responsabilização mútua entre a União e os governos subnacionais.

[87] Em 29 de outubro de 1998.

Como já aduzido, a autorização constitucional para a União, Estados, Distrito Federal e municípios concederem incentivos de natureza fiscal e financeira aos particulares, dentro dos limites por ela estabelecidos, constitui uma importante ferramenta extrafiscal. Nesse particular, como se pode perceber, a fenomenologia extrafiscal parte do direito financeiro, perpassa o direito tributário como norma indutora e repercute na sociedade como fenômeno multicultural. Por essa razão, abordaremos brevemente, a partir de agora, o conceito de renúncia de receita (incentivos e benefícios fiscais) e de destinação de recursos públicos para o setor privado (incentivos financeiros), com os correspondentes reflexos extrafiscais.

3.6.1. Renúncia de Receita

Em conformidade com o § 1º do art. 14 da LRF, a concessão ou ampliação de incentivo ou benefício de natureza tributária da qual decorra renúncia de receita[88] deve atender determinados requisitos por parte do administrador público, sob pena de caracterização de ato de improbidade administrativa, na forma do art. 10 da Lei n. 8.249/92 (no caso, por concessão de benefício administrativo ou fiscal sem observância das formalidades legais ou regulamentares – art. 10, VII). Sobre o conceito de renúncia de receita, são oportunas as lições de Oliveira (2014, p. 417):

> A renúncia de receita não tem conteúdo estritamente tributário, de forma a ser exercida apenas pela pessoa jurídica de direito público competente. É norma pré-jurídica, que antecede o nascimento da obrigação tributária, logo, de gestão financeira e, pois, perfeitamente, alinhada com os objetivos maiores da responsabilidade fiscal. Constitucional, ademais, porque admitida pelo preceito mencionado.

[88] De acordo com Catão, a expressão "renúncia de receitas", para cognominar qualquer forma de não exercício pleno da competência tributária ou de redução de crédito tributário, foi introduzida pela primeira vez no ordenamento constitucional de 1988, por meio do art. 70. Embora, *a priori*, possa ter o significado de abstenção no exercício de competências atribuídas, passou a abarcar, na prática, toda e qualquer forma de redução de um determinado gravame, e, por conseguinte, uma extensão ampliada: compreenderia a diminuição dos recursos estatais, seja por imperativo constitucional ou legal, seja na órbita da receita ou da despesa pública. É por essa razão que a LRF restou por adotar a mesma terminologia empregada pelo legislador constitucional. CATÃO, Marcos André Vinhas. *Regime jurídico dos incentivos fiscais*. Rio de Janeiro: Renovar: 2004, p. 97.

Para fins da LRF, incentivo ou benefício de natureza tributária, cujas hipóteses de concessão ou ampliação encaixam-se como renúncia fiscal são os seguintes: anistia, remissão, subsídio, crédito presumido, concessão de isenção em caráter não geral, alteração de alíquota ou modificação de base de cálculo que implique redução discriminada de tributos ou contribuições, e outros benefícios que correspondam a tratamento diferenciado.

Ainda, o legislador complementar condicionou a renúncia de receita, por parte do Estado, à observância das seguintes condições:

a) A renúncia de receita deverá estar suportada por estimativa de impacto orçamentário-financeiro, no exercício em que deva iniciar sua vigência, bem como atender ao disposto na lei de diretrizes orçamentárias e pelo menos a uma das seguintes condições (segunda parte do *caput* do art. 14 da LRF):

a.1) demonstração, pelo proponente, de que a renúncia foi considerada na estimativa de receita da lei orçamentária, na forma do art. 12, e de que não afetará as metas de resultados fiscais previstas no anexo próprio da lei de diretrizes orçamentárias (inciso I do art. 14 da LRF). Nesse particular, a própria CF/1988, no § 6º do art. 165, estabelece que o projeto de lei orçamentária deva ser acompanhado de demonstrativo regionalizado do efeito, sobre as despesas e receitas, decorrentes de isenções, anistias, remissões, subsídios e benefícios de natureza financeira, tributária e creditícia.

a.2) a renúncia fiscal deve estar acompanhada de medidas de compensação, no período mencionado no *caput*, por meio do aumento de receita, proveniente da elevação de alíquotas, ampliação da base de cálculo, majoração ou criação de tributo ou contribuição (inciso II do art. 14 da LRF).

Em relação aos requisitos e procedimentos previstos no art. 14 da LRF, antes parcialmente transcritos, Bevilacqua (2010b, p. 99) afirma que eles:

> [...] não implicam supressão, ou menos vulneração, das regras constitucionais de competência tributária considerando que o poder de isentar dos entes federados é consectário do poder de tributar, dentre as quais o princípio da responsabilidade fiscal, regulado por meio da Lei Complementar n. 101/00, nos termos do art. 146, II, da CF.

O posicionamento do autor parece acertado, na medida em que o art. 14 da LRF imputa ao administrador público o dever de observar um padrão mínimo de governança, por meio da necessidade de observância de determinados procedimentos materiais e formais para que, a partir deles, a renúncia de receita possa ser materializada.

Entende-se, nesse particular, que o art. 14 da LRF vai ao encontro do espírito da norma essencialmente extrafiscal, na medida em que não deveria ser possível tratar de extrafiscalidade sem também projetar o impacto da norma indutora no direito financeiro, já que a fenomenologia extrafiscal repercute tanto para o Estado quanto para o particular, no caso do nosso trabalho, o empresário.

Além disso, esses aspectos são relevantes sob a perspectiva do controle da extrafiscalidade, seja por parte dos tribunais, em geral, seja por parte dos tribunais de contas.[89] Isso porque a concessão de incentivos e benefícios fiscais não pode representar um ato discricionário, concedido ao arbítrio do poder público. Há que haver uma motivação, fundada em estudos e elementos objetivos factuais e o devido embasamento acerca do reflexo decorrente da renúncia de receita nos cofres públicos.

3.6.2. Destinação de Recursos Públicos para o Setor Privado (incentivos financeiros)

Em linhas gerais, ao tratar da destinação de recursos para o setor privado, em seus arts. 26 a 28, a LRF disciplina que a destinação de recursos, direta ou indireta, deve ser autorizada por lei específica, atender à lei de diretrizes orçamentárias, além de estar prevista no orçamento. Adicionalmente, a LRF também disciplina que estão compreendidos nesse conceito a concessão de empréstimos, financiamentos, subvenções e a participação em constituição ou aumento de capital.

Como se pode depreender, regra geral, a destinação de recursos públicos para o setor privado está sujeita ao mesmo rito aplicável à hipótese de renúncia de receita: previsão em lei específica, atendimento às diretrizes orçamentárias, além da própria previsão orçamentária e demonstrativo regionalizado do efeito, sobre as despesas, com o correspondente reflexo na contabilidade pública (§ 6º do art. 165 da CF/1988).

[89] Órgãos esses responsáveis primordialmente pela fiscalização contábil, financeira, orçamentária, operacional e patrimonial dos órgãos federativos, entre outras funções (arts. 70 a 75 da CF/1988).

Não se vislumbra aqui, *a priori*, reflexos extrafiscais conceitualmente distintos daqueles já comentados na situação de renúncia de receita. Com efeito, reitera-se o antes comentado:

a) a extrafiscalidade transita pelo direito financeiro e pelo direito tributário, repercutindo ao particular como fenômeno social e econômico;
b) especificamente sob a perspectiva do direito financeiro, a LRF criou disciplina própria para as hipóteses de renúncia de receita e destinação de recursos, impondo, ao administrador público, o dever de atendimento a um conjunto de procedimentos formais e materiais, ao qual denominamos governança pública. Essa governança se presta a conferir mais segurança jurídica e responsabilidade na administração da coisa pública.

A LRF encaixa-se no espírito da extrafiscalidade, já que é importante que os efeitos desse instituto sejam adequadamente medidos e monitorados, em suas diferentes esferas. Entretanto, essa medição não deve estar adstrita ao controle legal da extrafiscalidade, mas adentrar em aspectos práticos a partir da avaliação dos efetivos impactos econômicos da norma, especialmente para os particulares.

É sobre esse tema que nos ocuparemos a partir de agora.

3.7. Extrafiscalidade e Resultado

A universalidade de aspectos é relevante no bojo da extrafiscalidade, uma vez que ela não deve se traduzir apenas em conceito tributário. Pelo contrário, ela deve ir além e figurar como princípio, norma, finalidade, controle e resultado, de tal sorte a subsidiar o poder público e os particulares em todas as etapas do processo extrafiscal. Nessa última perspectiva, em especial (= resultado), a extrafiscalidade somente deveria ser reputada plena a partir do alcance dos objetivos extrafiscais da norma indutora; em outras palavras, a partir da confirmação da resposta do particular aos objetivos almejados pelo legislador ou pelo Poder Executivo, nas hipóteses em que a lei lhe conferiu competência para tal.

Entretanto, é de notar que nem sempre as reações aos estímulos ou desestímulos da norma indutora surtem os reflexos almejados, já que os impactos da extrafiscalidade não se operam em ambiente controlado, mas sim em um ambiente mais controlado (= situação na qual há uma expectativa maior no sentido de prever a reação do particular ao estímulo positivo ou negativo da norma indutora, com diferentes graus de intensidade) ou ambiente menos controlado (= situação na qual há uma expectativa menor no sentido de prever a reação do particular ao estímulo positivo ou negativo da norma indutora, com diferentes graus de intensidade). O fato é que não parece ser possível prever com absoluta precisão a reação do particular à norma indutora, já que ela opera no mundo das probabilidades.

Esse tema tem sido objeto de estudo por doutrinadores econômicos e tributários estrangeiros no âmbito da disciplina denominada Comportamento Tributário (*Tax Behaviour*). Nesse contexto, em interessante trabalho acerca da Psicologia do Comportamento Tributário (*The Psychology of the Tax Behavior*), compilado por Murdvee (2013-2014), uma das conclusões é a de que "diversos aspectos do processo de decisão" dos seres humanos diferem do "comportamento racional assumido em estudos econômicos" (MURDVEE, 2013-2014). Esse fato evidencia quão complexa pode ser a tarefa de projetar no tempo e no espaço os reflexos de uma norma (preponderantemente extrafiscal), como subsídio ao próprio legislador ou ao Poder Executivo na confecção da norma.

Igualmente, esse fenômeno não é privilégio da extrafiscalidade e tem sido objeto de estudo sob diferentes perspectivas. Vejamos: a contabilidade, ao tratar do reconhecimento de provisões, ativos e passivos contingentes,[90] utiliza-se de um viés probabilístico similar para determinar a necessidade de registro contábil desses itens ou a eventual necessidade de divulgação nas Demonstrações Financeiras. A par do critério clássico de avaliação de prognóstico jurídico adotado pelos contadores (provável – possível – remoto), o *International Financial Reporting Standards* (IFRS) introduziu os conceitos do *more likely than not* ou do *less likely than not* para aferir o nível de risco de materialização de um determinado evento e a correspondente perspectiva de recebimento ou desembolso de caixa a ele atrelado, para determinar o tratamento contábil correspondente.

Como se pode inferir, a tarefa do legislador extrafiscal pode, em determinadas situações, ser complexa, na medida em que a avaliação desses

[90] Pronunciamento Técnico – Comitê de Pronunciamentos Contábeis n. 25 – Provisões, Passivos Contingentes e Ativos Contingentes, aprovado em 26 de julho de 2009 e divulgado em 16 de setembro de 2009. COMITÊ DE PRONUNCIAMENTOS CONTÁBEIS. *Pronunciamento Técnico CPC 25*. Disponível em: http://www.cvm.gov.br/export/sites/cvm/menu/regulados/normascontabeis/cpc/CPC_25_rev_12.pdf. Acesso em: 27 jun. 2019.

cenários e correspondentes variáveis, se não realizados de forma tecnicamente suportada e com conhecimento de causa do ambiente macro ou microeconômico[91] em que se está inserido, pode fazer com que uma norma tenha baixo nível de efetividade.

À guisa de exemplo, apresentam-se, conceitualmente, abaixo, dois casos (incentivos financeiros e fiscais).

No primeiro caso, em ambiente mais controlado (normalmente por meio de uma relação direta entre o Estado e o particular), cita-se como exemplo eventual concessão de um benefício de ICMS, na modalidade de subvenção para investimento, na qual as correspondentes concessão e manutenção do benefício estejam condicionadas à instalação e permanência de parque fabril e geração de uma determinada quantidade de empregos diretos. Nessa hipótese, há uma expectativa mais provável no sentido de que o estímulo dado por meio do financiamento do ICMS irá se reverter no cumprimento das condições impostas pelo legislador. Isso porque, nesse exemplo, o estímulo (= incentivo) à conduta do particular se deu de forma onerosa e pessoal, por meio de relação direta e, como consequência, com maior probabilidade de atingimento dos fins econômicos e/ou sociais da norma extrafiscal.

Situação diferente ocorre no cenário de ambiente menos controlado. Aqui, por hipótese, um incentivo de redução da base de cálculo do IPI concedido pelo Poder Executivo com o intuito de alavancar uma determinada indústria repercute no preço de venda final ao consumidor. A expectativa é a de que, a partir do estímulo materializado pela redução de alíquota (e consequente redução de preço), as vendas daquele produto aumentem e o segmento econômico esboce recuperação. Nessa situação, não parece possível prever com precisão[92] se o estímulo concedido irá, de fato, atingir aos seus propósitos. Isso acontece porque, nessas situações, por mais estímulo que possa ser dado, o destinatário da norma extrafiscal não é apenas a pessoa que fruiu do incentivo de redução (de base de cálculo) do IPI, mas também os demais atores da cadeia de valor que são impactados pela redução do imposto repercutido no preço de venda.

[91] "O estudo de escolhas individuais e do comportamento grupal em mercados individuais entram, ambos, sob a rubrica da microeconomia. A macroeconomia, ao contrário, é o estudo de agregações de mercados mais amplas. Por exemplo, ela tenta explicar a taxa de desemprego nacional, o nível geral de preços e o valor total da produção nacional". Franck, Robert H. *Microeconomia e comportamento*. 8. ed. Porto Alegre: AMGH, 2013, p. 20.

[92] Nesse caso, há que se trabalhar com margens de erro ou divergência que sejam aceitáveis.

O fato é que a decisão de compra caberá sempre ao consumidor, de forma discricionária, lembrando que, no processo de tomada de decisão em relação à compra daquele produto, outros aspectos podem ser levados em consideração pelo comprador (razão *versus* emoção). Além disso, na análise extrafiscal, é necessário lembrar que existem produtos com curvas econômicas mais ou menos suscetíveis a variações de preços. Explica-se.

Para os produtos cuja procura é inelástica[93] (produtos cuja procura não é afetada ou é pouco afetada pelo preço, a exemplo de produtos componentes da cesta básica ou de artigos de luxo), a expectativa é a de que eventual redução de preço não influencie ou influencie muito pouco as vendas. Pelo contrário, para os bens cuja procura é elástica (bens não essenciais ou supérfluos), eventual diminuição no preço pode aumentar mais acentuadamente a procura. Sob outro ângulo, a oferta dita elástica ocorre quando mudanças de preço podem acarretar modificações importantes na curva da oferta (*e.g.*, produtos com grande quantidade em estoque) e inelástica para bens que são pouco ou não afetados por variações de preço (*e.g.*, produtos com baixa quantidade em estoque) (Hugon, 1945, p. 102-103).

Por fim, a delimitação de um ambiente totalmente controlado não parece ser exequível na extrafiscalidade, já que não é possível afirmar que, necessariamente, o particular (estimulado ou desestimulado) agirá de uma ou outra forma,[94] com o intuito de viabilizar os fins econômi-

[93] "Inelasticidade tributária pode ser entendida como o efeito econômico da impossibilidade do contribuinte cessar ou diminuir o consumo de determinados itens, em decorrência da necessidade insubstituível do consumo". Monteiro Junior, Nelson. *A tributação do consumo no Brasil e seus efeitos*: análise e proposta de mitigação dos efeitos da regressividade inerente a esta modalidade de tributação. 2016. 88 f. Dissertação (Mestrado Profissional em Direito Tributário) – Escola de Direito da Fundação Getulio Vargas, São Paulo, 2016, p. 24. A elasticidade se mostra como indicativo da sensibilidade dos consumidores à alteração do preço de determinado produto, isto é, a reação dos consumidores. Em uma explicação de maior tecnicidade: Os bens inelásticos possuem a Ep [elasticidade-preço] entre -1 e 0. Por sua vez, os bens elásticos possuem a Ep menor que -1. Os valores referentes à elasticidade são sempre negativos. Tal fato se deve à razão de que a quantidade demandada do bem baixa à medida que o preço se eleva. Thompson, Artur A.; Formby, John P. *Microeconomia da firma*: teoria e prática. 6. ed. Rio de Janeiro: Prentice-Hall do Brasil, 1998. É interessante também mencionar a avaliação crítica realizada por Schoueri (2016, p. 763), em sua obra *Direito tributário*, ao tratar da consideração econômica e do abuso de formas jurídicas, que a Teoria do Julgamento, por exemplo, cometeu pelo excesso de desconsiderar os fatos praticados pelo contribuinte.

[94] Carvalho (2012, p. 159-160): recorda que: "manipular incentivos é tarefa sobremodo complexa e muitas vezes os resultados são nulos ou mesmo opostos ao que o legislador pretendia obter".

cos e/ou sociais da norma extrafiscal. É certo, todavia, que a experiência empírica, mecanismos estatísticos e/ou utilização intensiva de tecnologia podem ser utilizados para tentar diminuir margens de erro (ou, sob outra perspectiva, aumentar margens de acerto). Isso tudo, claro, no sentido de suportar ainda mais o legislador extrafiscal na busca pela consecução prática dos objetivos da norma.

A partir desse momento, passa-se a analisar os mecanismos de controle da extrafiscalidade; a perspectiva do STF e do TCU ao se depararem com o tema; bem como serão realizados breves apontamentos sobre a temática no direito comparado.

4
Parâmetros à Extrafiscalidade

Neste capítulo, serão analisados, de maneira não exaustiva, os mecanismos de controle da extrafiscalidade, com destaque para o princípio da proporcionalidade, que representa um dos balizadores mais importantes para o exercício da competência tributária no âmbito da extrafiscalidade.

Também, serão analisadas algumas manifestações por parte do STF e dos Tribunais de Contas na perspectiva da tributação extrafiscal, fato esse que permite a compreensão de como o assunto tem sido entendido pelos tribunais.

Por fim, permitindo uma visão global do tema, trazemos alguns exemplos no direito comparado, quanto ao entendimento e ao tratamento dado à extrafiscalidade.

4.1. Instrumentos para Evitar Arbitrariedades no Uso da Extrafiscalidade

4.1.1. A Proporcionalidade

A atuação dos entes políticos na indução de comportamentos (seja pela forma de estímulo, desestímulo, seja com o objetivo de simplificação e/ou distribuição de renda) resulta, necessariamente, na discriminação de situações ou pessoas sob diferentes critérios, que não se resumem à igualitária distribuição da carga tributária. Se assim não fosse, não haveria que se falar em finalidade extrafiscal na norma tributária (BOMFIM, 2015, p. 344). A CF/1988 elencou o princípio da igualdade como direito fundamental dos contribuintes, contudo possibilitou que, para a busca dos objetivos constitucionais, seja dado tratamento diferente a cada contribuinte, a depender da realidade concreta. Entretanto, qualquer discriminação entre os contribuintes deve estar embasada por justificativa válida (Ávila, 2015, p. 19), para que não haja arbitrariedades e a consequente desvirtuação da norma constitucional que permitiu a existência de tratamento diferenciado.

Assim, a adoção de critérios de discriminação tributária, entre os contribuintes, terá como respaldo uma finalidade constitucional a ser alcançada. A proporcionalidade mostra-se instrumento eficiente de avaliação da medida extrafiscal adotada, possibilitando verificar se existe compatibilidade entre a norma extrafiscal e o fim almejado.

Na medida em que as normas extrafiscais possibilitam a intervenção estatal na seara econômica e na vida social, precisam elas ser analisadas sob a ótica dos direitos fundamentais abrangidos.[95] Essa análise é de fundamental importância, pois a existência de norma preponderantemente extrafiscal pode impactar na mitigação de direitos, que apenas se justificam se a mesma norma tiver o condão de buscar, e eficazmente contribuir, para o atingimento dos objetivos constitucionais.

Critérios intervencionistas usados de maneira desproporcional podem resultar em impacto negativo para a sociedade. Por exemplo, podemos mencionar impactos em direitos como a livre concorrência,[96] a igualdade e a propriedade. Nessa perspectiva, por exemplo, não deveria ser admitido que o Estado usasse o instrumento da extrafiscalidade de forma aleatória, empiorando situações mercadológicas. É a partir daí que a realização do exame de proporcionalidade ganha relevância, de forma a evitar ou pelo menos reduzir esse tipo de ocorrências e avaliar se a norma preponderantemente extrafiscal existente realmente é apta a alcançar os objetivos constitucionais pretendidos.

[95] Ávila, *op. cit.*, 2016, p. 138.

[96] Diante da concessão de benefícios fiscais para determinada modalidade de empresas, a restrição de direitos pode ser facilmente percebida entre aqueles que não receberam o benefício. Posto isso, a concessão de benefícios, para determinada categoria de empresas, feita de maneira desarrazoada, e, implicando ônus demasiado pesado para os não beneficiados, pode colocar em xeque preceitos constitucionais como a igualdade e a livre concorrência, já que, ao se falar de relação tributária entre Fisco e contribuinte, não se pode desprezar o fato de que as empresas são essencialmente agentes econômicos que operam em ambiente de alta competitividade, situação essa em que, por exemplo, uma diferença aparentemente inexpressiva de preço (reduzido a partir de uma redução de alíquota de imposto ou fruição de incentivo ou benefício fiscal) pode fazer toda a diferença. Conforme Leão, *op. cit.*, 2015, p. 137.

Ávila (2016, p. 146), em sua obra *Teoria dos princípios*, traz o postulado da proporcionalidade (que apresenta diferentes critérios para que a norma seja submetida: adequação, necessidade e proporcionalidade em sentido estrito). Esse primado representa um dos principais instrumentos de controle das normas tributárias preponderantemente extrafiscais. Assim, com a submissão da norma tributária indutora ao exame da proporcionalidade, é possível avaliar se a norma tributária se mostra proporcional e não abusiva.

Passamos, a partir de agora, a discorrer sobre os critérios da adequação, da necessidade e da proporcionalidade, antes comentados.

4.1.2. Adequação

O primeiro critério a ser analisado para o exame da proporcionalidade é o da adequação, que permite avaliar se a adoção do meio pretendido oportuniza o alcance à finalidade desejada.

Nos dizeres de Ávila (2016, p. 209):

> A adequação exige uma relação empírica entre o meio e o fim: o meio deve levar à realização do fim. Isso exige que o administrador utilize um meio cuja eficácia (e não o meio, ele próprio) possa contribuir para a promoção gradual do fim.

Nesse sentido, Steinmetz (2001, p. 149) enfatiza que os resultados desejados vinculam, necessariamente, os efeitos consequentes em relação aos direitos fundamentais que sofrerão limitação.

Aplicando o critério da adequação às normas tributárias extrafiscais é necessário averiguar se a medida adotada tem a capacidade de atingir a finalidade extrafiscal que motivou sua criação.

Exige-se, portanto, que os meios utilizados pela lei possam concretizar ou, no mínimo, avançar na direção da concretização dos propósitos a ela subjacentes. Com base em uma analogia, pode-se inferir que o remédio deve ser adequado ao combate da doença (Leão, 2015, p. 139-140). Todavia, ainda tomando como base o exemplo do remédio, dentre as amostras comparadas, pode haver diversidade nas formas de tratamento, conforme elucida Ávila (2016, p. 209-210): por um lado, pode existir determinada amostra que combata um grande número de sintomas da enfermidade, contudo que tenha eficácia baixa; e, por outro lado, pode haver outra amostra que combata apenas os principais sintomas da enfermidade e que sua eficácia já tenha sido vastamente comprovada.

Verifica-se que são várias as hipóteses existentes e que vários caminhos diferentes podem ser eficazes para conduzir ao fim desejado. Nesse âmbito, concordamos com o entendimento de Ávila no sentido de que a preocupação estatal deve estar voltada para a escolha de um meio que promova o fim desejado, a fim de que o primeiro crivo possa ser perpassado – o da adequação. Tal entendimento fundamenta-se no desafio de averiguar qual se apresenta o meio mais adequado – em todos os aspectos – dentre as combinações existentes, para a busca do resultado. Ávila (2016, p. 210) destaca também que, em virtude da separação dos poderes, deve-se respeitar a escolha do Legislativo e do Executivo quando eles tiveram liberdade para realizá-la.

Assim, normas tributárias preponderantemente extrafiscais que não possibilitem o atingimento, mesmo que gradual, do fim proposto não perpassam pelo primeiro crivo, estando, dessa forma, eivadas de inconstitucionalidade.

4.1.3. Necessidade

O segundo crivo é o da necessidade. Esse critério implica que sejam verificados se existem meios alternativos àquele previamente escolhido, que sejam capazes de promover, igualmente, a finalidade proposta, sem restringir (ou restringir em menor intensidade) os direitos fundamentais afetados (Ávila, 2016, p. 215).

No âmbito das normas preponderantemente extrafiscais, uma vez a norma já tendo passado pelo crivo da adequação, deverá ser verificada entre as possibilidades existentes ao atingimento do fim qual é a que causa menos impacto aos direitos fundamentais do contribuinte. Assim, deverá ser feita a análise comparativa entre os meios que, além do escolhido, também possibilitem a concretização do objetivo pretendido. Será, ainda, necessária a medida que puder promover o alcance do fim desejado, e que cause a menor restrição possível a direitos do contribuinte (Bomfim, 2015, p. 348). Apenas as normas que passarem por esse crivo seguirão para o próximo.

4.1.4. Proporcionalidade em Sentido Estrito

O terceiro crivo é o da verificação entre a importância da realização de determinado fim e a intensidade de restrição imposta a direitos fundamentais. Para que o critério da proporcionalidade em sentido estrito seja verificado, deve-se fazer a seguinte pergunta: "As vantagens causadas pela promoção do fim são proporcionais às desvantagens causadas pela adoção do meio?" (Ávila, 2016, p. 217-218).

Na análise do que se entenderá como vantagem e desvantagem, há elevada carga de subjetividade, fato esse que gera complexidade para o processo. Por certo, o desafio proposto é trazer a subjetividade para o campo da objetividade.

No que tange às normas tributárias preponderantemente extrafiscais, o exame da proporcionalidade, em sentido estrito, ocorre ao se verificar se os proveitos advindos por intermédio da medida preponderantemente extrafiscal superam os prejuízos acarretados pela restrição de direitos dela decorrentes. Ao lançar mão da tributação como forma de intervenção na economia e na esfera social dos cidadãos, o Estado pode mitigar direitos fundamentais constitucionalmente protegidos. Para que tais restrições sejam legítimas, é necessário que sejam proporcionais, estando amoldadas aos anseios constitucionais e serem aptas a promovê-los. O exame de proporcionalidade atua como uma forma de resguardar o contribuinte, controlando a atividade estatal contra eventuais abusos (Leão, 2015, p. 148).

Na hipótese de a norma preponderantemente extrafiscal não atender a algum desses três crivos, estará eivada de inconstitucionalidade, devendo o Poder Judiciário, no exercício de seu papel de controle normativo, declará-la inconstitucional (Bomfim, 2015, p. 350).

4.2. Outros Instrumentos para serem Considerados no Controle da Extrafiscalidade

Como visto, a intervenção estatal na vida social e na economia por intermédio de normas de natureza predominantemente extrafiscal pode implicar a restrição de direitos fundamentais. Ressalta-se que tais limitações apenas se justificam em função da perseguição de objetivos de interesse público, constitucionalmente albergados.

Entretanto, ao possibilitar que direitos fundamentais possam eventualmente ser mitigados, vislumbra-se a importância de que a tributação extrafiscal apresente instrumentos claros de controle para que não ocorram excessos, tampouco arbitrariedades em seu uso pelo poder público. Isso é de fato relevante, na medida em que, por exemplo, o impacto indevido (*e.g.*, arbitrário) da tributação em um ou mais contribuintes acaba, por óbvio, a impactar, negativamente, no segmento econômico ao qual pertencem e, em última análise, na própria economia.

Exemplo clássico dessa situação é a do Fust,[97] em relação ao qual a Ordem dos Advogados do Brasil (OAB) ajuizou Ação Direta de Inconstitucionalidade por Omissão (ADO) n. 37, sob o mote de que, apenas, uma parcela ínfima dos recursos provenientes da arrecadação do Fust estaria sendo destinada às finalidades previstas em lei. O Fust será objeto de análise em maior detalhe neste capítulo, na parte relacionada ao controle da extrafiscalidade na perspectiva do Poder Judiciário.

Leão (2015, p. 146-153), em sua obra *Controle da extrafiscalidade*, defende que, além da proporcionalidade, outros critérios devem ser observados, para que, no uso de normas predominantemente extrafiscais, o Poder Legislativo e o Poder Executivo não cometam excessos, em detrimento dos direitos fundamentais dos cidadãos.

Sob o argumento de que os direitos fundamentais[98] só devem ser restringidos quando extremamente necessário, o Estado deveria utilizar-se das normas preponderantemente extrafiscais para o atingimento dos fins constitucionais, de modo subsidiário e complementar a outras medidas (Leão, 2015, p. 149). Vale dizer que não estaria dependendo exclusivamente delas para a busca dos fins desejados.[99]

[97] De acordo com o sítio da Agência Nacional de Telecomunicações (Anatel), o Fust foi instituído pela Lei n. 9.998/2000, sob a justificativa de que para a integral universalização das telecomunicações (voz e dados) em todo o país, é necessário que sejam ofertados serviços em regiões que, por motivos de baixa densidade demográfica, baixa renda da população, inexistência de infraestrutura adequada e outros, não oferecem taxas de retorno viável a investimentos das empresas do setor. Para esses casos, que os serviços devem ser colocados à disposição dos usuários, independentemente dos custos que se apresentem. Esses serviços deverão atender à população excluída do mercado, primordialmente nas áreas de educação, de saúde, de segurança, e as bibliotecas e regiões remotas e de fronteira, priorizando, principalmente, o acesso de portadores de necessidades especiais. Com esse objetivo foi instituído o Fust, fundo financeiro que visa suportar, total ou parcialmente, os serviços supracitados. AGÊNCIA NACIONAL DE TELECOMUNICAÇÕES. Setor Regulado. *Perguntas frequentes*: O que é o Fust? [2017]. Disponível em: http://www.anatel.gov.br/setorregulado/perguntas-frequentes?catid=9. Acesso em: 22 out. 2017.

[98] Presentes não apenas no art. 5º, mas em diversos outros dispositivos da CF/1988, por exemplo, o art. 225, que trata do direito fundamental ao meio ambiente ecologicamente equilibrado.

[99] A utilização de normas extrafiscais para o atingimento de um fim constitucional deve ser realizada de modo conjunto com outras medidas estatais. No setor automotivo, por exemplo, uma série de sugestões complementares às medidas adotadas pelo Estado foram sugeridas no Capítulo 6.

Outro critério a ser observado é que a norma preponderantemente extrafiscal deve ser criada com um objetivo claro e, findo o objetivo que a originou, deve ela, também, findar-se. O Estado deve lançar mão desse instrumento unicamente diante de um objetivo claro, que, uma vez atingido, acarreta a perda do objeto do tributo.

Sobre o tema, pode-se fazer referência ainda ao grau de complexidade associada a algumas finalidades públicas, sendo, por certo, tarefa complexa a análise quanto ao efetivo atingimento dos objetivos almejados pela norma indutora. Como exemplo, por um lado, pode-se mencionar o desenvolvimento e a redução das desigualdades regionais. Por outro lado, outras finalidades podem ser mais facilmente analisadas ou atingidas, como os incentivos para o enfrentamento de crises financeiras (utilizados em determinados casos para redução das alíquotas do IPI para incentivar o consumo, como medida de impacto imediato) (Leão, 2015, p. 150).

Foi no contexto da tentativa de desenvolvimento e redução das desigualdades regionais que foi criada a Zona Franca de Manaus (ZFM).[100] A forma utilizada pelo poder público para atrair empreendimentos à região foi por meio da concessão de incentivos fiscais, os quais, com o advento da EC n. 83/2014, foram prorrogados por 50 anos. Mais precisamente, com essa quarta prorrogação, o termo final dos incentivos que iria expirar em 2023 foi prorrogado para 2073.

Na prática, em se mantendo as atuais condições, vislumbra-se um período de quase um século (1967-2073) de renúncia de receita por parte do Estado para o desenvolvimento da ZFM, que opera sob a responsabilidade da Superintendência da Zona Franca de Manaus (Suframa).[101]

[100] A ZFM foi criada com o advento da Lei n. 3.173/1957, tendo o seu estabelecimento prático ocorrido, de fato, durante o período de ditadura militar. De acordo com o art. 1º do Decreto n. 288/1967, "a ZFM é uma área de livre comércio de importação e exportação e de incentivos fiscais especiais, estabelecida com a finalidade de criar no interior da Amazônia um centro industrial, comercial e agropecuário dotado de condições econômicas que permitam o seu desenvolvimento, em face dos fatores locais e da grande distância, a que se encontram, os centros consumidores de seus produtos". BRASIL. Decreto-lei n. 288, de 28 de fevereiro de 1967. Altera as disposições da Lei n. 3.173, de 6 de junho de 1957, e regula a Zona Franca de Manaus. *Diário Oficial da União*, Poder Executivo, Brasília, DF, 10 mar. 1967. Disponível em: http://www.planalto.gov.br/ccivil_03/decreto-lei/Del0288.htm. Acesso em: 26 nov. 2017.

[101] De acordo com o sítio da Suframa, "a Superintendência da Zona Franca de Manaus ('Suframa') é uma Autarquia vinculada ao Ministério do Desenvolvimento, Indústria e Comércio Exterior que administra a ZFM, com a responsabilidade de construir um modelo de de-

É inegável a contribuição da ZFM para o desenvolvimento regional e, em última análise, do Brasil, inclusive no que tange à formação de parques industriais e tecnológicos de referência. Não obstante, a reflexão que se faz é se um período tão extenso de renúncia de receita por parte do Estado pode, em vez de estimular o desenvolvimento da região, criar uma relação de dependência tributária (e, em última análise, econômica), seja por parte do particular, seja por parte da própria ZFM.[102] Isso demonstra que, caso essa premissa se mostre adequada, a tomada de decisão do particular em investir ou permanecer na ZFM se dá essencialmente por uma motivação tributária e que, sem a renúncia de receita, a ZFM não se sustentaria.

Esse racional tende a se mostrar razoável até um determinado momento, na medida em que a norma indutora foi de fato introduzida com o propósito de estimular o desenvolvimento da região; todavia, não parece razoável que o Estado permaneça, de forma quase indefinida, renunciando receita para subsidiar a ZFM.[103] O desafio está em chegar ao ponto de equilíbrio e, principalmente, avaliar que outras medidas poderão ser adotadas em conjunto com a norma indutora tributária para impulsionar o crescimento da região.

senvolvimento regional que utilize de forma sustentável os recursos naturais, assegurando viabilidade econômica e melhoria da qualidade de vida das populações locais". SUPERINTENDÊNCIA DA ZONA FRANCA DE MANAUS. *O que é Suframa?* 2017. Disponível em: http://www.suframa.gov.br/suframa_o_que_e_suframa.cfm. Acesso em: 22 out. 2017.

[102] Independentemente do nível de desonerações tributárias concedidas aos empreendimentos instalados na região, a ZFM tem enfrentado desafios importantes nos três últimos anos com a queda do nível de produção industrial, de acordo com os dados da Suframa e do IBGE: 2014: -3,8%; 2015: -17,2%; e 2016: -10,8%. COSTA, Daiane. Zona Franca de Manaus faz 50 anos, com incentivo centenário. *O Globo*, Rio de Janeiro, 6 mar. 2017. Disponível em: https://oglobo.globo.com/economia/zona-franca-de-manaus-faz-50-anos-com-incentivo-centenario-21013725. Acesso em: 22 out. 2017.

[103] Corrobora esse entendimento Roberto Castello Branco, então Diretor da FGV Crescimento e Desenvolvimento, em entrevista ao periódico eletrônico *O Globo*, em 6 de março de 2017. Naquela oportunidade, ele afirmou que "O polo nasceu e não se viabilizou em 50 anos. Dizer que a Zona Franca, com seus incentivos, gerou empregos é um argumento clássico para justificar a intervenção do Estado na economia, seja para crédito subsidiado ou concessão de incentivos fiscais. Não é à toa que estamos passando por uma crise fiscal e de arrecadação. O Estado criou uma distorção para compensar outra distorção. Talvez seja vocação de Manaus o turismo e a exploração de recursos naturais". No mesmo periódico e na mesma data, Rafael Cagnin, economista-chefe do Instituto de Estudos para o Desenvolvimento Industrial, afirmou, no mesmo sentido, que: "Depois de meio século, espera-se uma trajetória de sucesso sem os incentivos. Isso denota um limite desse modelo de incentivo à industrialização" (COSTA, *op. cit*, 2017, p. 1).

Outro ponto que não pode ser esquecido é a análise quanto à eficácia das medidas governamentais.[104] Não se justifica a concessão de benefícios (que envolve a mitigação de direitos fundamentais) realizada sem planejamento, surtindo como resultado a ineficácia (Leão, 2015, p. 153). Conforme será abordado no Capítulo 6, apesar das desonerações que vêm sendo concedidas pelo poder público ao setor automotivo desde 2008, a indústria vem enfrentando desafios importantes, fato esse que evidencia que as normas indutoras que têm suportado as desonerações em referência podem não estar atingindo, em sua plenitude, aos objetivos inicialmente almejados.[105]

Faz-se necessária a existência de estudos que possam analisar as possibilidades a serem obtidas com as medidas que se desejam adotar e que possibilitem mensurar se a medida extrafiscal é realmente eficaz (ou não) para atingir o objetivo pretendido. Conforme dito anteriormente, a medida extrafiscal não deve ser aplicada de forma isolada, e, sim, conjuntamente com outras medidas e estratégias estatais.

A extrafiscalidade, ao ser utilizada pelo ente estatal como forma de induzir comportamentos, deve estar balizada na razoabilidade e nos princípios abordados no capítulo anterior (como capacidade contributiva, igualdade e proporcionalidade, etc.) para que não seja utilizada de forma abusiva, de modo a privilegiar determinadas pessoas ou categorias arbitrariamente. Além desses critérios, faz-se mister que haja a observância quanto à eficácia da norma para a produção do objetivo proposto e que a sua existência apenas se mostre razoável caso ela proporcione o cumprimento da finalidade almejada; bem como que se verifique se estão sendo utilizadas de maneira complementar e subsidiária a outras medidas adotadas para a obtenção dos resultados esperados.

Além desses mecanismos complementares de controle da extrafiscalidade, outros mecanismos ainda são encontrados no nosso Direito. Ressalta-se, também, a importância do Judiciário como mecanismo de controle, conforme se passa a discorrer.

[104] A existência de norma extrafiscal que não seja eficaz para o atingimento do fim que a originou representa uma afronta aos direitos fundamentais do contribuinte, sem embasamento constitucional para tal.

[105] A partir daí algumas questões podem ser afloradas: Deve haver interferência? Em caso positivo, qual deve ser o nível de interferência do Estado? Quais devem ser a forma, o tempo, as medidas e as contrapartidas exigidas?

4.3. O Controle quanto à Extrafiscalidade e o Judiciário

De pronto, nota-se a utilização cada vez mais frequente dos tributos extrafiscais para estimular ou desestimular comportamentos, intervindo na economia e na vida social dos cidadãos. Exemplo disso foi a série de estratégias tributárias, principalmente na perspectiva do IPI, adotadas pelo Governo Federal no âmbito do setor automotivo a partir da crise financeira de 2008, que serão detalhadamente abordadas no Capítulo 6.

Diante do uso cada vez mais frequente de normas de cunho predominantemente extrafiscal por parte do poder público, cabe ao Judiciário cuidar para que essas medidas não sejam utilizadas de forma abusiva, ferindo direitos fundamentais dos contribuintes, sem atender ao postulado da proporcionalidade, tampouco aos outros critérios anteriormente mencionados, por exemplo, a eficácia.[106]

Contudo, já foi entendido pelo STF que a utilização de normas extrafiscais seria exercício da discricionariedade do Poder Executivo, a critério de conveniência e oportunidade realizado por ele, não cabendo ao Judiciário a realização de controle, sob pena de ferir a separação dos poderes (cláusula pétrea expressa no art. 60, § 4º, III, da CF/1988), conforme se nota na ementa a seguir exposta:[107]

[106] Nesse sentido: ÁVILA, *op. cit.*, 2016, p. 219.

[107] O mesmo entendimento também foi adotado em outros julgados, como, a título exemplificativo, se observa: "RECURSO EXTRAORDINÁRIO: ISENÇÃO DO IMPOSTO SOBRE OPERAÇÕES FINANCEIRAS NAS IMPORTAÇÕES. LIMITAÇÃO À DATA DA EXPEDIÇÃO DA GUIA DE IMPORTAÇÃO. DESLOCAMENTO DA DATA DA OCORRÊNCIA DO FATO GERADOR. INEXISTÊNCIA. DECLARAÇÃO DE INCONSTITUCIONALIDADE DA PARTE FINAL DO ART. 6º DO DECRETO-LEI N. 2.434/88. IMPOSSIBILIDADE. 1. **A isenção fiscal decorre do implemento da política fiscal e econômica, pelo Estado, tendo em vista o interesse social. É ato discricionário que escapa ao controle do Poder Judiciário e envolve o juízo de conveniência e oportunidade do Poder Executivo.** O termo inicial de vigência da isenção, fixada a partir da data da expedição da guia de importação, não infringe o princípio da isonomia tributária, nem desloca a data da ocorrência do fato gerador do tributo, porque a isenção diz respeito à exclusão do crédito tributário, enquanto o fato gerador tem pertinência com o nascimento da obrigação tributária. 2. Não pode esta Corte alterar o sentido inequívoco da norma, por via de declaração de inconstitucionalidade de parte do dispositivo da lei. A Corte Constitucional só pode atuar como legislador negativo, não, porém, como legislador positivo. Precedente. Recurso extraordinário conhecido e provido" (grifo nosso). SUPREMO TRIBUNAL FEDERAL. *RE 188.951 SP*, Relator: Min. Mauricio Corrêa, Segunda Turma, julgado em 16/05/1995, DJ 15-09-1995 PP-29585 Ement VOL-01800-19 PP-03844. Disponível em: https://stf.jusbrasil.com.br/jurisprudencia/14704083/recurso-extraordinario-re-188951-sp. Acesso em: 13 nov. 2017.

> IMPOSTO SOBRE OPERAÇÕES FINANCEIRAS. DECRETO-LEI N. 2.434/88. ISENÇÃO NAS OPERAÇÕES DE CÂMBIO REALIZADAS PARA PAGAMENTO DE BENS IMPORTADOS AO AMPARO DA GUIA EMITIDA A PARTIR DE 1º DE JULHO DE 1988. ALEGADA VIOLAÇÃO AO PRINCÍPIO DA ISONOMIA. O Decreto-lei n. 2.434/88, condicionando o benefício da isenção fiscal às importações cobertas por guia expedida a partir de 1º de julho de 1988, estabeleceu critério pertinente, vazado em elemento inerente às operações de importação, sem discrepar da regra constitucional da igualdade tributária e nem deslocar a data da ocorrência do fato gerador. O tratamento outorgado pelo referido decreto-lei alcançou importadores em igual situação, sem impor exceções ou privilégios em favor de uns contribuintes em detrimento de outros em idênticas circunstâncias. **Não cabe ao Poder Judiciário estender a isenção de modo a alcançar as operações não previstas pelo legislador, tendo em vista que o ato de que decorre a isenção fiscal escapa ao seu controle.** Recurso extraordinário conhecido e provido. (SUPREMO TRIBUNAL FEDERAL, 1994, grifo nosso)

Não concordamos com o posicionamento acima destacado, no sentido de que a análise da extrafiscalidade não deve ser realizada pelo Judiciário, sob a justificativa de tal tema se inserir no âmbito de discricionariedade do Poder Executivo.[108]

Nesse particular, entendemos que tal matéria é afeita à análise do Poder Judiciário, tendo em vista que a instituição de tributos (inclusive os de função predominantemente extrafiscal) impacta na mitigação de direitos fundamentais (como o direito à liberdade, à propriedade, etc.). Por essa razão, a temática deveria passar por rigoroso controle, principalmente quanto a sua proporcionalidade e razoabilidade. Diferentemente do entendimento do julgado supramencionado, no nosso ponto de vista, não deve ser considerada pura discricionariedade do Poder Executivo intervir na economia e na vida social a sua livre conveniência e oportunidade, tendo em vista que tais medidas impactam em direitos constitucionalmente protegidos e (como o próprio nome explicita) fundamentais aos seres humanos.

Ressalta-se ainda a crítica realizada por Ávila (*apud* CARAVELLI, 2015, p. 124) quanto ao posicionamento adotado pelo STF baseado no princípio

[108] Nesse sentido, fazemos coro aos entendimentos de Ávila (2016), Caravelli (2015) e Leão (2015), nas obras previamente supracitadas.

da separação dos poderes. Conforme o autor, a autolimitação de competência representa afronta à Constituição, à própria separação entre os poderes – ao possibilitar que o Estado atue com poder ilimitado, sem controle jurisdicional – e, em última *ratio*, representa afronta ao próprio Estado de direito.

O Judiciário tem o papel, em relação aos tributos extrafiscais,[109] de (i) garantir que, nas situações aplicáveis, os tributos que visem a estimular ou a desestimular comportamentos não sejam utilizados *ad aeternum*, ou seja, que não continuem a existir mesmo após o encerramento da situação fática que os justificou; (ii) que observem princípios como o da capacidade contributiva e o da igualdade (amparando, assim, o contribuinte contra abusos); (iii) que estejam verdadeiramente aptos a cumprir a finalidade a que se destinam; (iv) que sejam eficazes e produzam efeitos na realidade concreta; (v) que garantam a razoabilidade, dentre outros critérios, para a ocorrência da mitigação de direitos, ressaltando que esse confronto com direitos fundamentais é inevitável quando o tema discutido é matéria tributária.

4.3.1. O Controle sobre a Extrafiscalidade e o STF

Nos julgados encontrados na Suprema Corte brasileira, verificou-se que a análise da questão "extrafiscalidade" restringiu-se a discutir se a norma extrafiscal afrontava o princípio da isonomia.[110] Não foram localizados julgados proferidos pela Suprema Corte que realizassem uma análise mais minuciosa da temática.

Como exemplo, podem ser mencionados: (i) a decisão do Ministro Dias Toffoli no Agravo Regimental em Embargos de Declaração no Recurso Extraordinário 986.161, publicada em 9 de junho de 2017, na qual entendeu que a majoração da alíquota da Contribuição para o Financiamento da Seguridade Social (Cofins) – Importação, para determinados bens importados, não fere o princípio da isonomia. A decisão entendeu a extrafiscalidade como "devidamente justificada".

[109] O tema do controle da extrafiscalidade foi amplamente discutido por Martha Leão. A autora destaca a importância do Poder Judiciário no controle das normas tributárias indutoras a partir de uma série de critérios a serem observados. LEÃO, *op. cit.*, 2015, p. 153-155. Filiamo-nos ao entendimento da autora.

[110] LEÃO, *op. cit.*, 2015, p. 158, ao analisar os pontos levantados pela Suprema Corte no âmbito de controle da extrafiscalidade, também destacou esse entendimento.

(ii) a Ação Direta de Inconstitucionalidade (ADI) n. 1.276, que discutiu a existência ou não de constitucionalidade na Lei n. 9.085/1985 do Estado de São Paulo, que concedia incentivos fiscais para empresas que tivessem, em seu quadro de funcionários, ao menos 30% de trabalhadores com mais de 40 anos de idade. Verifica-se assim que a mencionada lei estadual objetivava incentivar a contratação e a manutenção de empregos da parcela da população nessa faixa etária.

Em que pese a lei ter sido declarada inconstitucional quanto ao ICMS[111], a composição plenária do STF, de forma unânime, entendeu pela manutenção dos incentivos quanto ao Imposto sobre a Propriedade de Veículos Automotores (IPVA), conforme se nota:

> Ao constituir incentivos fiscais a empresas que contratam empregados com mais de quarenta anos, a Assembleia Legislativa Paulista usou o caráter extrafiscal que pode ser conferido aos tributos, que pode estimular conduta por parte do contribuinte, sem violar os princípios da igualdade e da isonomia. (SUPREMO TRIBUNAL FEDERAL, 2002)

Também é interessante destacar o RE 878.313, que discute a constitucionalidade do art. 1º da LC n. 110/2001, que instituiu a contribuição social, com alíquota estabelecida em 10% sobre os depósitos do Fundo de Garantia por Tempo de Serviço (FGTS), devida em casos de demissão sem justa causa. O cerne da discussão está na viabilidade de manutenção da contribuição social após cumprida a finalidade que a motivou, isto é, a continuidade da cobrança da mencionada contribuição, mesmo sem a existência de bons motivos para isso. Foi reconhecida a repercussão geral em setembro de 2015, mas o caso ainda está pendente de julgamento.

Nos casos analisados, o STF não analisou questões como a proporcionalidade à mitigação de direitos, tampouco quanto à eficácia dessas medidas em atingir aos fins almejados. É importante destacar que se tais critérios não forem cumpridos, as normas ora analisadas não poderiam ser entendidas como constitucionais, tendo em vista o choque com direitos fundamentais.

Ávila aponta as decisões da Suprema Corte como formais e limitadas.[112] De acordo com o autor, as decisões direcionam-se para a análise do con-

[111] Tendo em vista a inobservância ao disposto no art. 155, § 2º, XII, *g*, da Constituição Federal, quanto ao requisito de deliberação entre os entes federados.

[112] Martha Toríbio Leão também realiza críticas semelhantes em sua obra *Controle da extrafiscalidade*.

teúdo normativo da igualdade na seara de aplicação da lei, distanciando-se da análise do âmbito no qual a lei foi editada, principalmente no que tange ao exame de constitucionalidade do critério eleito pelo legislador. Para esse autor, a valorização da aplicação da lei de maneira uniforme acarreta a insubmissão do critério escolhido pelo legislador ao princípio da igualdade (Ávila, 2010, p. 124-125).

Entendemos que, além da análise de afronta ao princípio da isonomia, outros direitos fundamentais[113] deveriam ser analisados com cautela ao sofrerem mitigação, verificando-se a proporcionalidade das limitações acarretadas.

4.3.2. O Controle sobre a Extrafiscalidade e os Tribunais de Contas

A extrafiscalidade também tem sido objeto de análise por parte dos Tribunais de Contas, que são importantes instrumentos de *accountability*[114] na gestão pública. Esses tribunais, que possuem *status* constitucional e que representam órgãos auxiliares ao Poder Legislativo, realizam o controle financeiro e patrimonial do governo, em todos os níveis da Federação (Abrucio e Loureiro, 2005, p. 95-96), além de fiscalizar os negócios da Fazenda Pública, por meio do acompanhamento da execução da lei orçamentária e pelo julgamento das contas dos responsáveis pelas finanças e bens públicos (Silva *apud* Simões, 2014, p. 1).

Para reiterar a necessidade da observância dos princípios constitucionais na aplicação e prática da extrafiscalidade, é interessante destacar dois casos em que o TCU atuou, levando-nos a refletir quanto à real efetividade dos valores cobrados do contribuinte sob a justificativa de promoção de finalidades de interesse público.

Passemos à análise dos casos.

[113] Como a existência de proporcionalidade para a mitigação do direito de propriedade e o direito à liberdade, por exemplo.

[114] Pode-se considerar que o *accountability*, como conceito, é central nos regimes democráticos, e sua existência como processo é fundamental para a preservação do regime republicano. Nesse sentido, a democracia pressupõe uma dupla obrigação: dos governantes, de prestar contas das suas ações perante a sociedade que lhes outorga o poder; e dos cidadãos, de manter uma estreita vigilância sobre o uso do poder concedido aos governantes. Daí inferir-se que um governo democrático é um governo *accountable*. Rocha, Arlindo Carvalho. *Realização do potencial de accountability dos pareceres prévios do Tribunal de Contas do Estado de Santa Catarina*. 2011. 336 f. Tese (Doutorado em Administração) – Universidade Federal da Bahia, Salvador, 2011, p. 33. "[...] a responsabilização política ininterrupta do Poder Público em relação à sociedade". Abrucio; Loureiro, *op. cit.*, p. 81.

4.3.3. O TCU e a Análise dos Recursos do Fust

Como já comentado, a Lei n. 9.998/2000 instituiu o Fust,[115] após a denominada "Privatização do Sistema Telebras", destinando-se a arcar com os custos das obrigações de universalização de serviços de comunicação que não possam ser recuperados, pelas empresas, com a exploração eficiente do serviço. Ressalta-se que para a formação do Fust oneram-se as prestadoras de serviços de telecomunicação, visto que metade das receitas que compõem o fundo decorre da aplicação de alíquota de 1% sobre a receita operacional bruta mensal da prestação desses serviços.[116]

No processo TC 010.889/2005-5, Acórdão 2.148/2005-TCU-Plenário, foi verificado pelo TCU a baixa utilização dos recursos do Fust. Verificou-se que o Ministério das Comunicações havia sido deficiente na elaboração de política que especificasse os programas, projetos e atividades que deveriam receber recursos do Fust, tendo em vista que não estavam claramente postas quais eram as prioridades almejadas, tampouco como deveriam ser aplicados os recursos do fundo. Avaliou-se também a falta de integração das ações relativas à inclusão digital, tendo ocorrido problemas na elaboração do Serviço de Comunicação Digital.

Com o objetivo de solucionar as mencionadas deficiências, o TCU recomendou à Casa Civil da Presidência da República que averiguasse e acompanhasse os atos do Ministério das Comunicações na elaboração de uma nova política para o Fust. Ressalta-se, ainda, que foi constatado pelo TCU que os entraves para a utilização dos recursos do Fust não estavam na legislação que o embasava, e, sim, nas falhas de articulação e de prioridade do Poder Executivo em relação ao tema.

É interessante destacar que esse fato foi constatado pelo TCU em 2005, sendo que, até 2015, a situação de não utilização dos recursos do fundo permanecia inalterada (TRIBUNAL DE CONTAS DA UNIÃO, 2016).

Na situação elencada, verifica-se que o objetivo que embasava a oneração às prestadoras de serviços de telecomunicação não estava sendo

[115] Criado pela Lei n. 9.998/2000, regulamentado pelo Decreto n. 3.624/2000. O Fust é objeto de duas Resoluções da Anatel, quais sejam: Resolução n. 247/2000 e Resolução n. 269/2001.

[116] Devendo ser excluídos o ICMS, o PIS e a Cofins; o pagamento deverá acontecer até o décimo dia do mês seguinte ao da apuração. As contas dos clientes das empresas prestadoras de serviços de telecomunicações deverão indicar, em separado, o valor da contribuição ao Fust referente aos serviços faturados.

eficazmente perseguido. Fato esse evidenciado pela baixa utilização do fundo.[117]

A título informativo, foi constatado que a disponibilidade dos recursos do Fust foi reduzida entre 2007 e 2008 de R$ 5,3 bilhões para R$ 3,2 bilhões, ressaltando que essa redução não se deu em virtude da utilização dos recursos do fundo para a promoção da universalização, e, sim, em decorrência da desvinculação dos recursos do fundo para o pagamento de dívida pública (TRIBUNAL DE CONTAS DA UNIÃO, 2016). Percebe-se, assim, a descaracterização do próprio propósito da norma.

4.3.4. O TCU e a Análise dos Recursos da Cide-Contribuições

Outro caso interessante a ser comentado é o Acórdão 1.857/2005 – Plenário, processo n. 013.023/2004-5, que versa sobre o acompanhamento, pelo TCU, da aplicação dos recursos da Cide-Combustíveis (instituída pela Lei n. 10.336/2001).[118] Na ocasião, observou-se que a arrecadação propiciada pela mencionada contribuição não estava sendo divulgada adequadamente, tampouco estava sendo destinada a contento das áreas permitidas, dentre elas infraestrutura de transportes, projetos ambientais vinculados à exploração petrolífera e subsídios para combustíveis, tendo sido constatado desvio de finalidade na aplicação dos recursos.[119]

O TCU verificou que estavam sendo mantidos grandes volumes de recursos, para utilização no cumprimento das metas do superávit primário;[120] contrariando, assim, os mandamentos constitucionais que embasaram a

[117] A título de curiosidade, tramitam em conjunto na Comissão de Ciência, Tecnologia, Inovação e Informática os PLS n. 125/2017 e 427/2014, projetos esses que tratam do uso dos recursos do Fust para melhorias na infraestrutura de distribuição de sinal de internet. SENADO FEDERAL. Projeto permite uso dos recursos do Fust para ampliar a internet em banda larga. *Senado Notícias*, Brasília, DF, 27 jul. 2017. Disponível em: http://www12.senado.leg.br/noticias/audios/2017/07/projeto-permite-uso-de-recursos-do-fust-para-ampliar-a-internet-em-banda-larga. Acesso em: 20 ago. 2017.

[118] É importante mencionar que as contribuições são tributos com a característica de referibilidade.

[119] Fora constatado que, inclusive para os anos de 2004 e 2005, tinham sido alocados recursos referentes à Cide-Combustíveis para despesas tipicamente administrativas, por exemplo, "Assistência Pré-Escolar"; "Auxílio-Transporte aos Servidores e Empregados" e "Auxílio-Alimentação".

[120] Superávit primário é o resultado positivo de todas as receitas e despesas do governo, excetuando gastos com pagamento de juros. O déficit primário ocorre quando esse resultado é negativo. Ambos constituem o "resultado primário".

instituição da contribuição. Diante das averiguações, foi realizada uma série de recomendações quanto à administração dos recursos da Cide-Combustíveis.

4.4. Breves Considerações sobre os Casos Analisados

Nos casos analisados acima, verifica-se que a arrecadação dos recursos não estava sendo destinada à efetiva persecução dos objetivos constitucionais propostos. No caso da Cide-Combustíveis, por exemplo, que é tributo essencialmente extrafiscal, verifica-se que os fins constitucionais que justificariam a intervenção do Estado no domínio econômico e na vida social não estavam sendo alcançados. Nesse viés, não haveria assim, qualquer justificativa para que o contribuinte fosse onerado.

Tais onerações sobre o contribuinte, que, na realidade fática, não se mostram eficientes para o cumprimento dos objetivos constitucionais que as teriam fundamentado, passam a impressão de que foram indiretamente criadas para o suprimento de necessidades de caixa.

A criação de tributos com finalidades preponderantemente extrafiscais exige que sejam realizados estudos (tanto jurídicos como econômicos) que confirmem que os efeitos pretendidos poderão ser atendidos sem que, em contrapartida, causem externalidades negativas e contencioso.[121] A mera instituição do tributo, embasado em uma justificativa que sequer tenha um planejamento eficiente para que seja cumprido, ignora as finalidades constitucionais e põe em xeque direitos fundamentais do contribuinte. Verifica-se que tais situações significam exclusivamente o aumento da carga tributária a ser suportada pelo contribuinte, sem que nenhum passo seja dado em direção ao cumprimento dos objetivos elencados pela Carta Magna.

O resultado primário é importante porque indica, segundo o Bacen, a consistência entre as metas de política macroeconômicas e a sustentabilidade da dívida, ou seja, da capacidade do governo de honrar seus compromissos. A formação de superávit primário serve para garantir recursos para pagar os juros da dívida pública e reduzir o endividamento do governo em médio e longo prazos. SENADO FEDERAL. Superávit primário. *Senado Notícias*, Brasília, DF. [2015?]. Disponível em: https://www12.senado.leg.br/noticias/entenda-o-assunto/superavit. Acesso em: 20 out. 2017.

[121] Conforme apresentado por BIFANO, Elidie Palma. A extrafiscalidade e o aumento da carga tributária: o exercício da função extrafiscal. *In*: CONGRESSO BRASILEIRO DE DIREITO TRIBUTÁRIO ATUAL, 4.; 2016. São Paulo-SP. *Anais eletrônico...* São Paulo: IBDT/AJUFE, 2016. Disponível em: http://ibdt.org.br/site/wp-content/uploads/2019/01/Anais_IV-Congresso-Brasileiro-de-Direito-Tributario-Atual_VF.pdf. Acesso em: 27 jun. 2019.

Para que situações como essas não se tornem recorrentes, levando ao descrédito da tributação extrafiscal, faz-se necessária a introdução de regras voltadas para a transparência da informação (Bifano, 2016). E, ainda, faz-se de fundamental importância a observância aos critérios de controle sobre a extrafiscalidade.

4.5. A Extrafiscalidade e o Direito Comparado

No presente tópico será analisado, de forma sucinta, o tratamento dado à extrafiscalidade no direito comparado, mais especificamente sob a ótica da concessão de incentivos fiscais.

Em grande parte dos sistemas tributários prevalece a ideia de aplicação de princípios constitucionais, por exemplo, o da isonomia tributária. Contudo, não pode deixar de ser mencionada a ocorrência de casos de colisão entre princípios constitucionais, casos esses em que haverá a aplicação de determinado princípio em maior medida, em detrimento da aplicação de outro (sopesamento), sob o argumento de que ambos atendem a objetivos constitucionais. Na Constituição brasileira, pode ser citado como exemplo o art. 151, I, no qual se verifica a mitigação ao princípio da igualdade (que veda a discriminação em função da localização geográfica, por exemplo) sob o manto da necessidade de adoção de medidas governamentais para a diminuição das desigualdades regionais (Catão, 2004, p. 154).

Um ponto interessante a ser levantado é que ao ser concedido determinado benefício fiscal, além de ser analisada a aplicação de princípios constitucionais também se faz importante a análise sob o prisma orçamentário. Isto é, faz-se importante a análise do montante de "despesa" que a renúncia fiscal acarretará, bem como o peso que essa "não tributação" terá quando comparada com os objetivos pretendidos.

Cabe, também, destacar a situação dos blocos de integração econômica, nos quais ocorre a limitação quanto às barreiras tarifárias como forma de atrair investimentos. Contudo, devem observância às regras da OMC e à vedação quanto à concessão desarrazoada de incentivos fiscais (Catão, 2004, p. 156).

Passa-se, agora, de forma breve, a analisar a questão da concessão de incentivos fiscais nos seguintes países: (i) Espanha, escolhida para fins desta obra pela familiaridade profissional do autor e como forma de exemplificar o tratamento da extrafiscalidade em um país pertencente ao continente europeu e membro da OCDE; (ii) Argentina, com o fito de analisar a extrafiscalidade em país da América do Sul e possibilitar comparação para com o cenário brasileiro; e (iii) México, que possibilita a análise da temática em país latino, pertencente à América do Norte, mas que guarda algumas similaridades econômicas e sociais com o Brasil.

4.5.1. Espanha

É interessante analisar o tratamento dado à extrafiscalidade na legislação espanhola. A utilização do tributo de forma que ultrapasse a simples função arrecadatória (como forma de proporcionar o desenvolvimento econômico, por exemplo) está explicitamente considerada no art. 4º da consolidação tributária de lei geral espanhola de 1963. O mencionado dispositivo estabelece que:

> [...] os tributos, além de meios para arrecadação de receitas públicas, hão de servir como instrumento de política econômica geral, atender às exigências de estabilidade e progressos sociais e procurar uma melhor distribuição da renda nacional.[122]

Anos após a Lei Geral Espanhola já possibilitar, expressamente, tal utilização tributária, a Constituição da Espanha de 1978 trouxe uma série de objetivos a serem buscados pelo Estado,[123] possibilitando, assim, a intervenção estatal na economia e na vida social, abrindo portas para o uso de incentivos fiscais (Catão, 2004, p. 156).

Quanto à legitimidade dos incentivos fiscais concedidos, verifica-se uma série de princípios constitucionais expressos a serem observados, conforme vislumbra-se no art. 31.1 da Constituição espanhola:

> Todos devem contribuir para sustentar os gastos públicos de acordo com a sua capacidade contributiva em um sistema tributário justo, inspirado nos

[122] No original: "[...] los tributos, además de ser medios para recaudar ingresos públicos han de servir como instrumentos de política económica general, atender a las exigencias de estabilidad y progreso sociales y procurar una mejor distribución de la renta nacional". ESPANHA. Ley 230/1963, de 28 de diciembre, General Tributaria. *Noticias Jurídicas*, 1963. Disponível em: http://noticias.juridicas.com/base_datos/Admin/l230-1963.t1.html#a4. Acesso em: 21 out. 2017.

[123] Elencando postulados semelhantes aos que existem na CF/1988, como a proteção ao meio ambiente e a busca pelo desenvolvimento sustentável, a proteção ao consumidor e à terceira idade, etc.

princípios da igualdade e progressividade que, em nenhum caso, terá alcance confiscatório. (tradução livre)[124]

O mencionado dispositivo constitucional mostra-se como uma forma de "filtro" para os incentivos fiscais; isto é, analisando o benefício concedido, ele deve respeito aos princípios da progressividade e da capacidade contributiva, por exemplo, conforme elucida o artigo supracitado. Com a mesma linha de entendimento, Pereira (2011, p. 19), ao analisar o sistema tributário espanhol como instrumento de reativação econômica, leciona que

> Outros desses elementos que podem contribuir para a reativação econômica e ao progresso são os incentivos fiscais. Trata-se de medidas que se encontram delimitadas fortemente em nosso sistema constitucional e comunitário, e que corretamente pensadas e aplicadas, podem contribuir a fomentar condutas que contribuam para a reativação econômica. Com efeito, superados os filtros de observância aos princípios constitucionais [...], a sua justificação e a sua necessidade receberão uma avaliação positiva desde que não representem mera redução de impostos, mas se contribuem ao benefício da coletividade. (tradução livre)[125]

De modo exemplificativo, é interessante destacar julgado[126] proferido pelo Supremo Tribunal Espanhol, datado de 15 de março de 2016. O mencionado julgado discutia a validade de imposto sobre a eliminação de resíduos, considerando a ótica da capacidade contributiva. No caso concreto, foi entendido que o mencionado imposto visava a resguardar o meio

[124] "Todos contribuirán al sostenimiento de los gastos públicos de acuerdo con su capacidad económica mediante un sistema tributario justo inspirado en los principios de igualdad y progresividad que, en ningún caso, tendrá alcance confiscatorio".

[125] "Otro de esos elementos que pueden contribuir a la reactivación económica y al progreso son los incentivos fiscales. Se tratan de medidas que se encuentran condicionadas fuertemente por nuestro sistema constitucional y comunitario pero que, correctamente pensadas y aplicadas, pueden contribuir a fomentar conductas que contribuyan a la reactivación económica. En efecto, superados los filtros de sus respetos a los principios constitucionales [...], su justificación y su necesidad recibirá una valoración positiva si no consisten en una mera rebaja de impuestos sino se contribuyen también al beneficio de otros colectivos distintos de su beneficiario". PEREIRA, Jaime Aneiros. El sistema tributario como instrumento de reactivación económica. *El Cronista*, n. 17, enero 2011. Disponível em: http://www.iustel.com/v2/revistas/detalle_revista.asp?id_noticia=411687&d=1. Acesso em: 20 out. 2017.

[126] Número 3.620/2014.

ambiente e que, em tributos com essa característica, as funções extrafiscais ou retributivas deveriam prevalecer sobre a função fiscal ou contributiva. Que tributos como o em voga deveriam representar verdadeiros meios de proteção ambiental e deveriam ter sua existência embasada em duas diferentes perspectivas: econômica e jurídica. A norma deveria ser efetiva ao responder ao princípio do "poluidor-pagador".

Em relação à existência de afronta ao princípio da capacidade contributiva, o Supremo Tribunal entendeu que a tributação se mostrava em compatibilidade com a extrafiscalidade. Nos tributos que tinham por finalidade a proteção do meio ambiente, o princípio da capacidade contributiva deveria ser analisado sob um aspecto diferente a um tratamento genérico e absoluto: deve ser mensurado levando em consideração a extrafiscalidade e a capacidade de causar danos ambientais no caso concreto, ou seja, a capacidade contributiva deveria ser considerada na mensuração do valor do imposto.[127]

Em essência, o conceito da extrafiscalidade presente na legislação espanhola não parece diferir daquele constante no ordenamento jurídico-tributário brasileiro, já que, em ambos os casos, as normas extrafiscais objetivam estimular ou desestimular condutas. Não obstante, como antes visto, no caso espanhol, a extrafiscalidade ganha relevância por estar constitucionalmente prevista e representar uma função típica das normas tributárias desse país.

[127] Trecho da decisão original: "[...] en los tributos medioambientales debe prevalecer una finalidad extrafiscal o retributiva respecto de la propiamente fiscal o contributiva. Su existencia ha de fundamentarse, tanto desde la perspectiva económica como jurídica, en ser verdaderos instrumentos de protección del medio ambiente. Y esta finalidad ha de ser efectiva, respondiendo al principio de que 'quien contamina paga'. En esta clase de impuestos se ha llegado a cuestionar la vigencia del principio de capacidad económica. Pero ya la STC 37/1987 declaró su compatibilidad con la extrafiscalidad en los siguientes términos: es necesario que la capacidad económica exista como riqueza real o potencial en la generalidad de los supuestos contemplados por el legislador al crear el impuesto. Y tal capacidad económica debe apreciarse en los tributos medioambientales desde una perspectiva diferente a su tratamiento genérico o absoluto, debe reorientarse a la capacidad contaminante de la materia imponible gravada en cada caso y medirse en términos de extrafiscalidad. Y, en todo caso, la capacidad económica debe servir como criterio de valoración para la determinación de la cuantía del impuesto. En definitiva, la extrafiscalidad y la capacidad económica de los impuestos medioambientales deben deducirse de los elementos estructurales de estos tributos, sin que sirvan las meras declaraciones contenidas en las exposiciones de motivos de las leyes" (Recurso 3620/2014 – Recurso de Casación; Id Cendoj: 28079130022016100107; Órgano: Tribunal Supremo. Sala de lo Contencioso; Sede: Madrid).

4.5.2. Argentina

A extrafiscalidade também está presente no direito argentino e a sua utilização por parte do Estado, de forma mais ou menos intensa, tem variado em função dos momentos políticos que a Argentina tem vivido ao longo das últimas décadas: período de maior liberalismo econômico com pouca extrafiscalidade, em contraposição a períodos ou fases de intervencionismo com maior utilização do instituto como dirigismo ou planificação econômica (GOUVÊA, 2006, p. 6).

Verifica-se que, assim como acontece no Brasil, a utilização de normas extrafiscais para induzir comportamentos dos cidadãos mostra-se possível. A Constituição argentina, assim como a brasileira, apresenta normas de cunho programático, destacando objetivos a serem buscados pelo Estado.

A Constituição argentina, em seu art. 75, XVIII, trata de uma série de finalidades a serem perseguidas pelo governante, como avanços na educação, no setor industrial, nos meios de transporte, etc.[128] Verifica-se, assim, a possibilidade de utilização de incentivos fiscais para tais fins. Todavia, conforme jurisprudência argentina, os incentivos fiscais devem ser usados em situações de exceção (CATÃO, 2004, p. 162).

O legislador argentino pode-se utilizar de normas indutoras para promover fins econômicos e sociais, na forma e nos limites previstos no ordenamento jurídico daquele país. Especificamente no âmbito de incentivos transnacionais, destacam-se aqueles concedidos pelo governo argentino em âmbito aduaneiro (Tarifa Externa Comum [TEC]), no contexto do Mercosul,[129] que foi criado a partir da assinatura do Tratado de Assunção[130] e reconhecido como bloco econômico por meio do Protocolo de Ouro Preto.[131]

[128] Conforme se nota: "[...] Proveer lo conducente a la prosperidad del país, al adelanto y bienestar de todas las provincias, y al progreso de la ilustración, dictando planes de instrucción general y universitaria, y promoviendo la industria, la inmigración, la construcción de ferrocarriles y canales navegables, la colonización de tierras de propiedad nacional, la introducción y establecimiento de nuevas industrias, la importación de capitales extranjeros y la exploración de los ríos interiores, por leyes protectoras de estos fines y por concesiones temporales de privilegios y recompensas de estímulo".

[129] Mercado Comum do Sul.

[130] Em 26 de março de 1991.

[131] Assinado em 16 de dezembro de 1994.

4.5.3. México

O México, desde o ano de 1999, reduziu os incentivos fiscais concedidos em cerca de 60% (Sagardi *apud* Catão, 2004, p. 169). Tal fato justifica-se pela tentativa de adoção de medidas mais agressivas, com o intuito de melhorar o superávit fiscal, que se intensificaram a partir do fim do século XX e, mais marcadamente, no governo Fox..[132] Contudo, apesar dos posicionamentos adotados, diversos benefícios persistem amparados nas características próprias de um país em desenvolvimento (Catão, 2004, p. 169).

Assim como acontece no Brasil, verifica-se que no México também acontece a intervenção estatal na economia e na vida social por intermédio de normas de cunho predominantemente extrafiscal.

Dentre os incentivos fiscais ainda existentes no México, pode ser mencionado, de forma exemplificativa, o estímulo à construção para fins residenciais. Tal incentivo considera o déficit habitacional do país, possibilitando a redução de 50% sobre os rendimentos tributáveis pelo Imposto de Renda de Pessoas (art. 142 da *Ley del Impuesto sobre la Renta*); o incentivo ao desenvolvimento de novas atividades por pessoas jurídicas dentro do mesmo grupo econômico, ao permitir o abatimento, no imposto de renda, de despesas pré-operacionais (Catão, 2004, p. 169-170).

Por sua vez, importante analisar o tratamento dado à adequação entre os incentivos fiscais e o princípio da capacidade contributiva. Para isso, será analisado julgado da *Suprema Corte de Justicia de la Nación*, embasando-se no art. 31, IV, da Constituição do México:[133]

> CONTRIBUIÇÕES. OS FINS EXTRAFISCAIS NÃO PODEM JUSTIFICAR VIOLAÇÃO AO ARTIGO 31, INCISO IV DA CONSTITUIÇÃO DOS ESTADOS UNIDOS MEXICANOS. A existência de um fim extrafiscal, sendo este um fim diverso do arrecadatório que visa a alcançar o estabelecimento de uma determinada contribuição, não pode converter-se em elemento isolado que justifique afronta aos princípios da legalidade, proporcionalidade, igualdade e destino do gasto público consagrados no art. 31, IV da Lei Fundamental. Os fins extrafiscais são outros elementos que devem analisar o órgão de

[132] Vicente Fox foi o sexagésimo quarto presidente do México, cumprindo um mandato de seis anos, entre os anos 2000 e 2006.

[133] Que dispõe: "Artículo 31. Son obligaciones de los mexicanos:[...] IV. Contribuir para los gastos públicos, así de la Federación, como de los Estados, de la Ciudad de México y del Municipio en que residan, de la manera proporcional y equitativa que dispongan las leyes".

controle para determinar a constitucionalidade ou não de um determinado preceito (tradução livre).

Outro julgado interessante da Corte mexicana:

> ATIVO, IMPOSTO AO. A ANÁLISE DE CONSTITUCIONALIDADE DOS PRECEITOS DA LEI QUE OS REGULAMENTA EXIGE CONSIDERAR QUE SEU OBJETO ESTABELECE-SE NOS ATIVOS, CONCORRENTES À OBTENÇÃO DE UTILIDADES, COMO A CAPACIDADE CONTRIBUTIVA, ASSIM COMO SE ENCONTRA VINCULADO A SEUS FINS FISCAIS (CONTRIBUTIVO E DE CONTROLE) E EXTRAFISCAIS DE EFICIÊNCIA EMPRESARIAL. [...] o legislador deve atentar-se ao pressuposto essencial de toda arrecadação, que é o fim estritamente fiscal de arrecadação de recursos para serviços públicos, atendendo o art. 31, IV da Constituição, perseguindo a finalidade fiscal [...] assim como a finalidade extrafiscal de estimular a eficiência das empresas no que tange ao desenvolvimento econômico de suas atividades. (tradução livre)[134]

Nos casos supramencionados, também verificamos a possibilidade de utilização da norma fiscal para atingir determinados fins econômicos e

[134] Texto completo no original: "Activo, impuesto al. El análisis de la constitucionalidad de los preceptos de la ley que lo regula exige considerar que su objeto radica en los activos, concurrentes a la obtención de utilidades, como signo de capacidad contributiva, así como que ello se encuentra vinculado a sus fines fiscales (contributivo y de control) y a los extrafiscales de eficiencia empresarial".
Texto: "Del contenido de los artículos 25, 28 y 31, fracción IV, de la Constitución y, específicamente, de los artículos 1º, 6º, 9º y 10, de la Ley del Impuesto al Activo de las Empresas (Diario Oficial de la Federación de 31 de diciembre de 1988) y de la exposición de motivos de la iniciativa correspondiente resulta que para examinar la constitucionalidad de los preceptos de este cuerpo legal es imprescindible considerar que, si bien de la literalidad de su artículo 1o., el objeto de la contribución radica en el 'activo' de las empresas, de los demás preceptos que integran el sistema del tributo, se infiere que dicho objeto se encuentra íntimamente vinculado a que dichos activos sean susceptibles de concurrir a la obtención de utilidades, signo de capacidad contributiva que el legislador necesariamente debe tomar en cuenta como presupuesto esencial de toda contribución y que, además, del fin estrictamente fiscal de recaudar recursos para los servicios públicos que exige la fracción IV del artículo 31 de la Constitución, persigue la finalidad fiscal de contar con un medio eficaz de control en el pago que por impuesto sobre la renta corresponda a los sujetos pasivos, así como la finalidad extrafiscal de estimular la eficiencia de los mismos en el desarrollo de sus actividades económicas". MIRANDA, Arnulfo Sanchez. *Aplicación práctica del código fiscal:* derecho fiscal. México: Empresa Editorial. Ediciones Fiscales ISEF, 2017.

sociais. É interessante notar, em específico, a manifestação da Suprema Corte Mexicana destacada no primeiro julgado apresentado, no sentido de entender que não se justificaria mitigação a direitos constitucionalmente protegidos, sob a justificativa da extrafiscalidade. O Judiciário adotou um papel de controle no uso das normas extrafiscais, estabelecendo limites para a sua utilização, como a afronta a direitos do contribuinte.

4.6. Alguns Apontamentos Adicionais

O intuito da presente análise não foi a de esgotar o tema, mas o de demonstrar que o fenômeno da extrafiscalidade ocorre em outros países, cada um com a sua especificidade.

De fato, a utilização do tributo, além da sua função meramente arrecadatória, tende a ser uma realidade para os países que o utilizam como instrumento de política fiscal. Em algumas jurisdições, o tema é tão relevante que o próprio ordenamento jurídico distingue os tributos em função das suas respectivas finalidades. Como ensina Caliendo (2013, p. 176):

> [...] no direito alemão se diferenciam os tributos com preponderante finalidade extrafiscal (*Lenkungsabgaben*), dos tributos com finalidade fiscal (*Lenkungssteuer*), que visam atingir fins fiscais e extrafiscais e os tributos com efeitos extrafiscais (*Lenkungswirkung*).

Ainda, segundo o mesmo autor, no direito alemão "todos os tributos de uma forma ou outra irão possuir efeito extrafiscal, sendo o mais notório deles a redução de bem-estar individual pela redução a renda ou patrimônio (*Wohlfahrtsverlust*)".

Aliás, esse é um tema presente na agenda econômica de muitos países, a exemplo do que ocorre com os Estados Unidos da América (EUA) com o *tax policy*, na qual a tributação é discutida e analisada sob a perspectiva econômica, em profundidade (UTZ *apud* Gouvêa, 2006, p. 5).

Por fim, destaque-se que muitas das experiências com a tributação preponderantemente extrafiscal no direito comparado estão circunscritas à denominada tributação ambiental. Sobre o tema, Sebastião (2011, p. 305) leciona que:

> Aliás, não só os Estados Unidos, mas, conforme já salientado, também os países-membros da Organização para a Cooperação e Desenvolvimento Econômico – OCDE, são favoráveis e estão pondo em prática a tributação ambiental, em obediência ao princípio poluidor-pagador.

Por certo, a temática ambiental cada vez mais ganha relevância no cenário mundial, não só em uma perspectiva teórica, mas em uma perspectiva prática, voltada à própria necessidade de subsistência da espécie humana. Assim, o meio ambiente é muito mais que tema econômico, social ou tributário. Ele é, de fato, um tema que abrange a tudo e a todos. Com o crescimento da tributação ambiental, como forma de estimular ou desestimular condutas que envolvam a preservação do meio ambiente, em suas mais diversas vertentes, a extrafiscalidade estará ainda mais em voga.

A partir de agora passaremos a abordar de maneira mais detalhada a intervenção estatal, por intermédio de normas predominantemente extrafiscais, no setor automobilístico. Para isso, é importante entender o histórico das intervenções no mencionado setor, a seguir exposto.

5
IPI, Extrafiscalidade e o Setor Automobilístico

5.1. Introdução

Como já aduzido ao longo desta obra, a função extrafiscal do tributo pode ser exercida pelo ente tributante, observadas as condições previstas na CF/1988. No ordenamento jurídico-tributário brasileiro, não há disposição que, expressamente, prescreva acerca do(s) momento(s) em que o ente tributante possa ou deva se utilizar da competência extrafiscal.

Regra geral, o que a norma disciplina é que, em determinadas situações, o aumento ou instituição de tributos deve respeitar certos lapsos temporais, além dos requisitos aplicáveis ao exercício da competência tributária, de tal sorte que os direitos e garantias fundamentais dos contribuintes sejam resguardados. Nesse contexto, podem-se mencionar as limitações constitucionais ao poder de tributar, que norteiam a atividade estatal em relação à esfera tributária.

Sob a perspectiva das referidas limitações, o próprio legislador constitucional encarregou-se, por exemplo, de elencar os tributos que não se submetem ao princípio da anterioridade. De fato, esse cenário não deveria ser diferente, na medida em que o Estado necessita de alguns instrumentos de manobra que possam ser acessados com maior agilidade,[135] para fazer frente aos desafios sociais e econômicos[136] porventura existentes.

[135] Observadas a CF/1988 e a legislação aplicável.

[136] De acordo com estudo da consultoria EY denominado "Doing Business in Rio" e datado de 20 de agosto de 2012, podem ser exemplificados como desafios econômicos para o Brasil, dentre outros: (i) estabelecer um novo sistema tributário; (ii) melhorar o custo-benefício dos gastos do setor público; (iii) privatizar a infraestrutura e ativos não estratégicos; (iv) tornar mais dinâmicas as leis do trabalho; (v) reduzir o custo da burocracia; (vi) lidar com a

Uma dessas situações, por certo, relaciona-se ao reflexo da incidência do IPI no setor automotivo,[137] que tem sido objeto de estudo por parte da doutrina econômica, contábil e jurídica,[138] em função das desonerações concedidas pelo Governo Federal, principalmente a partir da crise econômica mundial de 2008 e que desembocaram nos denominados Novo Regime Automotivo e no Programa de Incentivo à Inovação Tecnológica e Adensamento da Cadeia Produtiva de Veículos Automotores (Programa Inovar-Auto, Inovar-Auto ou Programa), esse último com vigência até 31 de dezembro de 2017.

O tema é relevante em função da grandeza do setor automotivo brasileiro, que é o sexto em maior produção de veículos automotores do mundo e que conta com parques industriais maduros e pertencentes às principais montadoras mundiais. Da mesma forma, como ocorre em outros países industrializados, o segmento automotivo responde por uma parcela significativa das atividades produtivas do Brasil, alcançando nas últimas décadas uma média superior a 20% do Produto Interno Bruto Industrial (PIB Industrial) e a 5% do Produto Interno Bruto (PIB) do país (Alvarenga *et al.*, 2010, p. 10). Se nessa equação fosse considerada toda a cadeia de valor[139] do segmento automotivo (cadeia de produção, cadeia de distribuição e cadeia de crédito automotivo), os números deveriam ser ainda mais expressivos.

falta de mão de obra qualificada; (vii) desenvolver uma cultura de excelência nos serviços e projetos do governo. Sobral, Lilian. 7 desafios econômicos em que o Brasil precisa encarar. **Exame,** São Paulo, 20 ago. 2012. Disponível em: http://exame.abril.com.br/economia/7-desafios-economicos-que-o-brasil-precisa-encarar/. Acesso em: 24 set. 2017. É importante notar, especificamente em relação ao item (iv), que a Consolidação das Leis do Trabalho (CLT) foi alterada pela Lei n. 13.467/2017.

137 O adjetivo *automotivo* é "relativo a automóvel ou à indústria automobilística", enquanto o adjetivo *automobilístico* é "relativo a automobilismo ou automobílico". O substantivo masculino "automobilismo", por seu turno, tem como uma das suas acepções "a indústria ou setor de fabricação de automóveis". Houaiss, *op. cit.*, p. 351. Para fins desta obra, a terminologia "setor automobilístico" ou "setor automotivo" deve ser considerada equivalente.

138 Como poderá ser verificado no Capítulo 6.

139 Existem diferentes doutrinas e conceitos acerca da denominada cadeia de valor. No âmbito desta obra, adotaremos o conceito de Michael Porter, que, em linhas gerais, define cadeia de valor como o conjunto de atividades ou funções específicas por meio do qual as empresas (ou no caso, o segmento) entregam e geram o valor que se propõe aos seus clientes. Rezende, Frederico. O modelo de cadeia de valor de Michael Porter. *Gestão por Processos e Projetos*, 30 jan. 2015. Disponível em: http://www.gestaoporprocessos.com.br/o-modelo-de-cadeia-de-valor-de-michael-porter/. Acesso em: 24 set. 2017.

A partir de agora, passa-se a discorrer sobre o histórico do setor automotivo brasileiro, com notas pontuais acerca de algumas tentativas estatais de intervencionismo. A partir daí, teceremos considerações gerais sobre o IPI e sua sistemática de apuração.

5.2. O Desenvolvimento da Indústria Automobilística e os Incentivos Fiscais

5.2.1. Histórico

A ocorrência de certos fatos sociais e econômicos resultou no registro de momentos importantes na história do país, como o término do período escravocrata[140] e a eclosão da Primeira Guerra Mundial, os quais deram início à formação do parque industrial brasileiro, em substituição a uma economia predominantemente agrícola, e suportada pela importação de produtos e bens de consumo.

Com o envolvimento da Europa na Primeira Guerra Mundial e o aumento do mercado consumidor nacional, o país foi colocado diante da necessidade de desenvolver o seu parque industrial. Até então, a força-motriz da economia brasileira estava pautada na exploração do café. De fato, naquele momento, a economia era dependente da tecnologia existente em outros países, pela importação de bens de capital que pudessem viabilizar o desenvolvimento da indústria nacional (Xavier, 2014, p. 40).

Com a crise econômica de 1929, a substituição gradativa das importações maciças de produtos e de bens de consumo, pelo início de um processo organizado de produção nacional, alcançou maiores patamares.[141] Buscou-se, a partir daí, a integração dos diversos setores econômicos existentes, para racionalizar esforços e direcionar investimentos com o objetivo de reduzir o nível de dependência do país perante o mercado estrangeiro. Para que os objetivos almejados pelo Governo brasileiro pudessem ser atingidos, deu-se início a um intenso período de construção de rodovias (que

[140] A sociedade escravista brasileira explorava mão de obra para a execução de trabalhos, principalmente na lavoura e na mineração. Conforme destaca Sousa: "A escravidão no Brasil se consolidou como uma experiência de longa duração que marcou diversos aspectos da cultura e da sociedade brasileira. Mais que uma simples relação de trabalho, a existência da mão de obra escrava africana fixou um conjunto de valores da sociedade brasileira em relação ao trabalho, aos homens e às instituições". Sousa, Rainer Gonçalves. Escravidão no Brasil. *Brasil Escola*, [2018]. Disponível em: http://brasilescola.uol.com.br/historiab/escravidao-no-brasil.htm. Acesso em: 10 jan. 2018.

[141] A partir da década de 1930.

eram mais baratas quando comparadas às ferrovias). A estratégia adotada por essa política industrial colocou em perspectiva o petróleo e os veículos automotores como pontos-chave no processo de desenvolvimento econômico brasileiro (Xavier, 2014, p. 40).

No contexto de intenso investimento em rodovias, é interessante mencionar a frase dita por Washington Luís: "Governar é povoar; mas não se povoa sem abrir estradas, e de todas as espécies; governar é, pois, fazer estradas".[142]

Em comparação com os países tidos por desenvolvidos à época, o processo de industrialização brasileiro estava atrasado, uma vez que até o final da década de 1930 a fabricação nacional estava pautada em baixa escala de produção, estando alicerçada em atividades predominantemente manuais. Até esse momento, o Brasil não conseguira acompanhar a segunda Revolução Industrial.[143] Para superar esse quadro, o governo viu-se obrigado a intensificar o nível de investimento em infraestrutura. Foi nesse contexto que a necessidade de construção de rodovia, antes mencionada, ganhou importância (Xavier, 2014, p. 41).

Diante dos obstáculos existentes para a importação de veículos, um novo ramo industrial surgiu a partir da instalação no Brasil de linhas de montagem de veículos, tendo essencialmente como únicos insumos partes e peças importadas. Nesse particular, empresas como Ford e a General Motors, que já estavam instaladas no Brasil, expandiram as suas atividades.[144]

Não obstante, como já mencionado, em função de ainda não existir, naquele momento, fabricação de partes e peças de veículos em território

[142] Frase dita pelo então Presidente da República Washington Luís (1926-1930), propagando a ideia do rodoviarismo.

[143] De acordo com o sítio "EducaBras", do Governo Federal, a "segunda Revolução Industrial pode ser dividida em dois períodos: o período inicial, que se caracteriza pela invenção do processo Bessemer (transformação do ferro fundido em aço), em 1856; desenvolvimento do dínamo (1873) e invenção do motor a combustão interna (1876). Essa fase caracteriza-se pela introdução crescente do maquinismo e pela criação de grandes complexos industriais. Data dessa fase, também, a expansão da Revolução Industrial na Europa Central e Ocidental e à América. A segunda fase caracteriza-se pela introdução do novo processo de fabricação, criado por Ford e conhecido como 'linha de montagem'". EDUCABRAS. *Segunda revolução industrial e neocolonianismo.* [2017]. Disponível em: https://www.educabras.com/ensino_medio/materia/historia/historia_geral/aulas/segunda_revolucao_industrial_e_neocolonialismo. Acesso em: 20 out. 2017.

[144] A Ford Motors Company havia iniciado a montagem dos Ford "T" em 1919; por sua vez, a General Motors Company iniciou a montagem do Chevrolet "Cabeça de Cavalo" em 1925.

nacional, essas indústrias tinham suas atividades restritas à montagem de veículos. Esse quadro perdurou até, aproximadamente, o início da década de 1940. Nesse contexto, uma das primeiras montadoras instaladas no Brasil (além da General Motors e da Ford) foi a Grassi, que montava carrocerias de ônibus (Silva, 2007).

A indústria de autopeças nacional começou a crescer no cenário histórico da Segunda Guerra Mundial, que trouxe enormes dificuldades para a obtenção de muitos produtos e de bens de consumo até então importados. O desenvolvimento da indústria nacional de autopeças se fez necessário para que fosse possível a substituição das partes e peças importadas, por produção nacional. A partir daí, pouco a pouco, o setor automotivo foi se desenvolvendo, junto com o próprio parque industrial do Brasil, sempre como um dos setores mais representativos da economia nacional, inclusive do ponto de vista de geração de empregos diretos e indiretos.[145]

Nessa perspectiva, independentemente da época, Calandro (2000) lembra que o automóvel é um produto de tecnologia complexa e envolve um grande número de componentes de empresas de vários setores. Na sua fabricação, estão envolvidas matérias-primas, tais como borracha, vidro, plástico, aço, dentre outras, e diversos setores – siderúrgico, elétrico, mecânico e de material plástico. Por essa razão, a cadeia de valor do setor automotivo é tão representativa e a geração de empregos indiretos tão elevada.

5.2.2. Intervenções Estatais

É importante destacar a atuação estatal no desenvolvimento do parque automobilístico brasileiro.[146] Getúlio Vargas, em seu governo, com o objetivo de estimular a produção interna, em substituição à lógica de importações até então existente no país, proibiu que fossem realizadas importações de automóveis inteiros e, além disso, criou uma série de empecilhos para a importação de partes e peças. As importações realizadas naquela época, de forma indiscriminada, esgotavam as reservas cambiais brasileiras e prejudicava a balança de pagamentos.[147]

[145] A indústria de autopeças brasileira era, até então, extremamente restrita, limitando-se a pequenas fábricas de pneus, mangueiras, molas, baterias, etc. SILVA, *op. cit.*, 2007, p. 54.

[146] Com a industrialização do país, o Brasil amplia suas atividades para além do agronegócio.

[147] Carro Antigo. *História do carro brasileiro.* [2016]. Disponível em: http://www.carroantigo.com/portugues/indice_ccal.htm. Acesso em: 10 out. 2017.

Um importante desafio para o desenvolvimento do setor automotivo no Brasil foi a desconfiança por parte dos grandes fabricantes mundiais de veículos, que insistiam em manter apenas linhas de montagem de pequeno porte no país. De fato, havia grande receio por parte desses fabricantes de não encontrar mão de obra qualificada, matéria-prima e infraestrutura necessárias ao desenvolvimento dos seus negócios em território nacional. Com efeito, as medidas adotadas por Getúlio Vargas tiveram grande relevância no processo de desenvolvimento do setor, não somente sob a perspectiva da montadora de veículos, mas também da cadeia de valor na qual ela está inserida, antes exemplificada.

Outra medida adotada por Getúlio Vargas foi a criação da Comissão de Desenvolvimento Industrial (CDI),[148] com a instalação de subcomissões de "Jipes, Caminhões, Tratores e Automóveis", para organizar e direcionar o desenvolvimento da indústria automotiva naquele momento (Carro Antigo, 2016).

Dada a importância do setor automotivo para a economia, em meados da década de 1940, o próprio Estado brasileiro começou a operar, de forma direta, no setor automotivo, a partir da construção da Fábrica Nacional de Motores (FNM), primeiro com foco na fabricação de autopeças e motores aeronáuticos e, posteriormente, com foco na fabricação de caminhões (das marcas "Alfa Romeo" e "FNM Alfa Romeo"), em parceria com a fabricante italiana Isotta Fraschini (Reinert, 2007).

Mais adiante, adentramos no governo de Juscelino Kubitschek (1956-1960), que tinha como um dos seus motes a "Frente de Integração Nacional". Com a edificação de Brasília, foi necessária uma intensa ampliação na rede rodoviária brasileira para integrar a nova capital federal ao restante do país. Diante dessa nova dinâmica, a indústria automobilística ganhou ainda mais destaque, sendo o seu desenvolvimento fundamental para a aproximação das diversas regiões brasileiras.

Em junho de 1956, foi expedido o Decreto n. 39.412, com o intuito de monitorar a indústria automobilística a partir da criação do Grupo Executivo da Indústria Automobilística (Geia ou Grupo), que, segundo Olmos

[148] Uma das primeiras atividades realizadas pela CDI foi examinar se o mercado brasileiro conseguiria absorver os automóveis a serem produzidos com o desenvolvimento do setor automobilístico. Com essa análise, a CDI buscou discriminar quais seriam os requisitos preliminares para que a indústria automobilística fosse implementada em território nacional.

(2008), "trazia o primeiro da série de estímulos que andariam junto com a própria história da produção de veículos no País".

De acordo com Salomão (2015), o Grupo "teve 30 dias para apresentar para o então Presidente de República um plano de trabalho referente ao setor automobilístico". Ainda segundo Salomão (2015):

> Mais de 20 projetos foram apresentados ao Geia, porém, só 17 foram aprovados, e 12 concretizados, sendo eles: Fábrica Nacional de Motores; Ford Motor do Brasil S/A; General Motors do Brasil S/A; International Harvester S/A; Mercedes-Benz do Brasil S/A; Scania Vabis do Brasil S/A; Simca do Brasil; Toyota do Brasil S/A; Vemag S/A; Volkswagen do Brasil S/A; Willys Overland do Brasil S/A e Karmann Ghia do Brasil.

O Governo Juscelino Kubitschek foi marcado pelo êxito nos projetos de implementação e desenvolvimento da indústria automobilística. De acordo com Caputo e Melo (2009, p. 533), o setor automotivo "tornou-se o símbolo do governo Juscelino Kubitschek e representou a modernidade e o desenvolvimento dos chamados '**anos dourados**' do setor automotivo".

Com o término do Governo Juscelino Kubitschek, foi possível verificar um período de interrupção na concessão de benefícios ao setor automobilístico. O Brasil, por intermédio da proteção ao mercado interno e pela concessão de benefícios fiscais, atraiu investidores estrangeiros a se estabeleceram no país e a produzirem, com peças nacionais, automóveis que até então eram importados (Xavier, 2014, p. 48). Esse foi o método utilizado até, aproximadamente, o início da década de 1960, com o propósito de diminuir a dependência brasileira das importações.

Com a adoção de tal política, indústrias internacionais foram atraídas para o Brasil, mas sem a contrapartida de transferir tecnologia para o país. Tal fato resultou em um cenário de dependência tecnológica em relação ao mercado internacional e um quadro no qual a indústria brasileira via-se marcada por um baixo nível de competividade.

5.2.3. Tentativas Estatais para a Promoção do Desenvolvimento Tecnológico

No decorrer do Governo José Sarney, em 1988, foi concebida a "Nova Política Industrial", no intuito de reduzir as fronteiras entre a produção industrial brasileira e os setores ligados à ciência e à tecnologia.[149] Na busca da promoção do desenvolvimento tecnológico brasileiro, passaram a ser concedidos incentivos fiscais para os fabricantes que investissem em pesquisa relacionada à tecnologia.

A "Nova Política Industrial" também facilitou a instalação de indústrias estrangeiras no país, permitindo que empresários, que não necessitassem de recursos estatais, instalassem suas indústrias em solo brasileiro, sem que fosse necessária a aprovação prévia do Governo. Foi realizada a "abertura" do mercado para as importações, com o intuito de atrair investimentos para a seara tecnológica e possibilitar maior competitividade. Tais medidas tiveram grande impacto na indústria automobilística nacional, que não se encontrava preparada para competir com o mercado externo em termos de tecnologia e produtividade (Xavier, 2014, p. 49).

5.3. O Acordo de Montadoras

A indústria automobilística brasileira sofria as consequências da abertura abrupta do mercado e, além disso, outros fatores impactavam-na negativamente, como a escassez de medidas que propiciassem crédito ao consumidor, o favorecimento para a produção de carros de luxo e o protecionismo exacerbado do mercado brasileiro (Xavier, 2014, p. 50). Diante desse quadro, em 1992, foi firmado o "Acordo de Montadoras".[150]

O mencionado acordo previa medidas a serem adotadas tanto pelo Governo como pelos contribuintes (Xavier, 2014, p. 51). Em linhas gerais, esse acordo previa uma redução no preço de veículos, mediante a redução do IPI e do ICMS, a prorrogação da data-base de acordos salariais, a manutenção do nível de emprego até 30 de junho de 1992, a criação de um grupo de trabalho para discutir o contrato coletivo de trabalho, a reabertura de consórcios, com novas regras, a implementação de um programa de caminhões, ônibus e tratores, com a eliminação do IOF, além da elaboração de um programa de incentivo às exportações (Anderson, 1999, p. 18).

149 Tais medidas foram referendadas no Governo Collor, por intermédio da Lei n. 8.661/1993.

150 Esse acordo previa medidas como a redução da carga tributária do IPI e do ICMS; redução de 10% das margens de lucro, distribuídas em: 4,5% para as montadoras, 3% para as autopeças e 2,5% para as revendas autorizadas; redução no preço final dos automóveis; reposição da inflação para os salários dos trabalhadores, de forma mensal e integral; manutenção do nível de emprego; redução da alíquota relativa ao IOF.

Contudo, os resultados obtidos entre 1992 e 1995 (três anos de existência do Acordo de Montadoras) resultaram na diminuição dos postos de trabalho, embora a produção de automóveis tivesse crescido em quase 50%.[151] Com maior uso de tecnologia na produção, mesmo com a diminuição dos postos de trabalho, aumentou-se o número de veículos produzidos. Constata-se, assim, que a política econômica aplicada resultou, tão somente, num aumento exponencial da lucratividade das empresas automobilísticas (XAVIER, 2014, p. 51).

5.3.1. Outros Acordos e Incentivos Estatais à Indústria Automotiva

Em 1993, foi firmado o denominado "Segundo Acordo de Montadoras", pelo qual o Governo reduziu a alíquota de IPI incidente sobre a venda de veículos em 6% e as empresas automotivas concordavam em reduzir sua margem de lucro em 5%, o que possibilitaria que o preço do veículo destinado à venda fosse reduzido em cerca de 11%. Esse acordo também objetiva o aumento de aproximadamente noventa mil postos de trabalho em setores como montadoras, comércio, financeiro, etc. (ANDERSON, 1999, p. 19).

Ainda no ano de 1993[152] teve início o "Protocolo de Carros Populares", que previa a alíquota de 0,1% de IPI para veículos com mil cilindradas e alguns modelos de 1.600 cilindradas (ANDERSON, 1999, p. 20). Já no Governo de Fernando Henrique Cardoso, foi lançado o "Plano Automotivo Brasileiro",[153] que incentivava as exportações de automóveis brasileiros. Para tanto, o referido plano possibilitava a redução das alíquotas do imposto de importação de máquinas, equipamentos e ferramentas para as empresas que alcançassem números satisfatórios de exportação.

Em 2008, com o estouro da bolha do mercado imobiliário norte-americano, e a crise econômica que se instaurou por todo o mundo, o Governo Lula lançou programa de incentivo à indústria automotiva, reduzindo a alíquota de IPI e, em alguns casos, até renunciando a essa arrecadação.

[151] Conforme dados da Anfavea, no ano inicial do Acordo, 1992, foram produzidos no Brasil 1.165.174 automóveis e o número de trabalhadores envolvidos era de 105.664; em 1995, o número de veículos produzidos foi de 1.629.008 para 104.614 trabalhadores.

[152] No Governo de Itamar Franco.

[153] Lançado por intermédio da MP n. 1.024/1995, sendo o objetivo de equilíbrio da balança comercial do Brasil um dos principais motivos que embasaram a mencionada medida provisória. Almejava-se que o mercado brasileiro abandonasse a crise cambial e aumentasse o seu parque industrial, ao incentivar a vinda de indústrias estrangeiras, que teriam garantias para a exportação.

5.4. Relevância do Setor Automotivo e Medidas Adotadas diante da Crise Econômica de 2008

Como já mencionado, o setor automobilístico brasileiro tem significativa relevância para a economia nacional. Como se pode verificar, à época de eclosão da crise de 2008, o setor estava em ascensão. A Associação Nacional dos Fabricantes de Veículos Automotores (Anfavea), em seu anuário de 2009, apontou diversos fatores que expressam a relevância da indústria automotiva para o Brasil, na época em que se iniciou a crise. A indústria automobilística, direta e indiretamente, era responsável por empregar 1,5 milhão de trabalhadores; na seara industrial, o setor automobilístico, em conjunto com o setor de autopeças, representava 23,3% do PIB, percentual esse que correspondia a 5,5% do PIB nacional; o Brasil possuía capacidade para gerar quatro milhões de veículos por ano e o setor automobilístico brasileiro possuía relações intersetoriais que atingiam cerca de duzentas mil empresas.

Ressalta-se ainda que, conforme divulgado à época pelo então Ministro da Fazenda Guido Mantega, uma das justificativas para as sucessivas renovações da alíquota reduzida de IPI era a representatividade do setor, responsável por 25% da produção nacional (Amorim e Neder, 2013).

5.4.1. Crise de 2008

O mercado imobiliário estadunidense deu origem à crise financeira, iniciada no ano de 2007, que atingiu proporções globais. Fatores como a crescente globalização comercial e financeira, somados ao peso que os EUA representam para a economia mundial, contribuíram para que os impactos da crise fossem refletidos nas mais distintas regiões do mundo (Ferraz, 2013, p. 8).

Com a quebra do *Lehman Brothers*, um dos maiores bancos de investimentos norte-americano, uma onda de desconfiança envolveu mercados financeiros de todo o mundo; foi quando os reflexos da crise passaram a ser constatados no Brasil. A economia brasileira sentiu impactos como a desvalorização da moeda brasileira, a elevação do risco Brasil, a queda das exportações, dentre outros acontecimentos que se sucederam. Tais eventos resultaram num processo de desaceleração da economia brasileira, já percebido no último trimestre de 2008, e a consequente recessão enfrentada já em 2009 (Ferraz, 2013, p. 8).

O Governo brasileiro respondeu aos impactos da crise, no âmbito fiscal, agindo, principalmente, em cinco diferentes frentes (Ferraz, 2013, p. 75):

i) intensificação dos investimentos do Programa de Aceleração do Crescimento (PAC);[154]
ii) lançamento do Programa Minha Casa, Minha Vida (MCMV) em 2009;
iii) Plano Safra (2009/2010);[155]
iv) expansão de programas sociais, como o "Bolsa Família", e reajuste do salário mínimo,[156] que injetou cerca de R$ 20 bilhões na economia em 2009;
v) ajuste fiscal, abrangendo tributos como IPI, IOF, PIS e Cofins.[157]

Nesta obra, enfocaremos o reflexo das desonerações tributárias concedidas pelo poder público ao setor automotivo na perspectiva do IPI, razão pela qual passamos, a partir de agora, a discorrer de forma geral sobre o IPI e a sua sistemática de apuração.

5.5. Breves Anotações sobre o IPI

O imposto de consumo é um dos tributos de caráter transacional mais antigos da História, tendo sido chamado por povos da antiguidade de *galeba* ou *alcabala*. No Brasil, na época colonial, ele surgiu sob a forma de dízimos[158] ou quintos.[159]

No século XX, dois diplomas normativos destacaram-se ao regulamentar o referido imposto, respectivamente, o Decreto n. 7.404/1945 e o Decreto n. 26.149/1949 (Consolidação das Leis do Imposto de Consumo).

[154] Com a diminuição dos investimentos do setor privado, em decorrência da crise, os investimentos públicos representaram estímulo à economia.

[155] Lançado no Governo Lula, objetivava fortalecer e ampliar políticas públicas do Governo Federal, beneficiando unidades produtivas familiares por todo o Brasil. MINISTÉRIO DO DESENVOLVIMENTO AGRÁRIO. *Plano safra da agricultura familiar fortalece e amplia políticas públicas*. [201-?]. Disponível em: https://cms20.happybiz.com.br/Arquivos/Empresa_020CONTEUDO_00000043_Anexos/Original/020000000430018_0.pdf. Acesso em: 27 jun. 2019.

[156] Uma das medidas do Governo Lula foi o aumento gradual do salário mínimo, possibilitando melhorias no poder aquisitivo dos trabalhadores, levando a um fortalecimento do mercado interno.

[157] O Governo atuou no sentido de diminuir diversas cargas tributárias, possibilitando que as indústrias não fossem totalmente afetadas pela diminuição dos investimentos. A diminuição das cargas tributárias aconteceu, principalmente, nos setores eletroeletrônico e automobilístico.

[158] Devido com base no décimo do valor considerado.

[159] Devido com base no quinto do valor considerado.

Na época, a Tabela de incidência era subdividida em i) Produtos sujeitos ao imposto *ad valorem* (Tabela A); Produtos sujeitos ao imposto por preço tabelado (Tabela B); Produtos sujeitos ao imposto em razão da quantidade ou características técnicas (Tabela C); e Produtos sujeitos ao imposto por mais de um regime ou por sistema especial (Tabela D).

Após a EC n. 18/1965, o imposto de consumo passou a ser denominado "imposto sobre produtos industrializados" (art. 11 da EC n. 18/1965), mas manteve a mesma lógica e estrutura econômica de seu antecessor.

O IPI, assim como seu antecedente, o imposto de consumo, se encarado sob um ponto de vista estritamente econômico, é um tributo que incide sobre a renda consumida, isto é, equivale a um imposto incidente sobre circulação de riquezas (SOUSA, 1975, p. 175), como ocorre com o ICMS, pois a renda dispendida pelo seu titular volta à circulação, contrariamente da renda poupada ou reinvestida.

Nesse sentido, o IPI herda uma característica fundamental do imposto de consumo, sob o ponto de vista tanto econômico como jurídico, que se refere, em última instância, à destinação do produto ao consumo, ou seja, de forma a integrar uma cadeia de consumo. Ademais se confunde, quase perfeitamente, com o fato gerador do ICMS – exceto pelo aspecto de pressupor a necessária circulação de produto industrializado.

A estrutura de tributação do IPI, desde quando se denominava imposto de consumo, sempre esteve atrelada à operação de circulação mercantil de produtos categorizados como industrializados, conforme tabela oficial divulgada pelo ente estatal, cujo fato gerador seja exteriorizado por meio i) de uma entrada desses produtos no território nacional, definida pelo seu desembaraço aduaneiro; ii) da saída de estabelecimento que o industrializou; ou iii) da saída desses produtos de estabelecimento qualificado como equiparado a industrial pela legislação federal.

O Regulamento do IPI (RIPI) (Decreto n. 7.212/2010) resume esses fenômenos de exteriorização do fato gerador do imposto da seguinte maneira:

> Fato gerador do imposto é:
>
> I – o desembaraço aduaneiro de produto de procedência estrangeira; ou
>
> II – a saída de produto do estabelecimento industrial, ou equiparado a industrial.

De forma atécnica, o RIPI não faz a devida distinção entre o fato gerador do imposto e o seu aspecto temporal, isto é, o fenômeno eleito pelo legislador como capaz de exteriorizar a ocorrência do fato tributável.

Em outras palavras, os vocábulos "saída" ou "desembaraço aduaneiro" dizem respeito ao aspecto temporal do fato gerador do IPI, e não ao fato gerador em si, que faz nascer a obrigação tributária. Podemos chamar do aspecto temporal do imposto de fato de exteriorização, pois é ele que exterioriza o fenômeno da circulação para efeitos de reconhecimento por parte do sujeito ativo da relação jurídico-tributária, o Estado.

Embora tenha se posicionado em sentido contrário no passado, o Superior Tribunal de Justiça (STJ) (2010) acabou firmando jurisprudência no sentido de que o fato gerador do IPI só se materializa com a operação mercantil, que não se confunde com a mera saída do produto do estabelecimento industrial ou equiparado (SUPERIOR TRIBUNAL DE JUSTIÇA, 2011).

Por fim, vale ressaltar que a natureza extrafiscal do referido imposto sempre foi ressaltada pela doutrina nacional,[160] o que prova a não vinculação i) à anterioridade anual quanto a fixação de suas alíquotas e ii) ao princípio da seletividade, com base na essencialidade do produto objeto de operação mercantil.

Afora esses casos, que estão prescritos no texto constitucional, a legislação do IPI estabelece diversos casos de incentivos/benefícios fiscais com o intuito de atingir fins sociais e econômicos que possuem guarida em valores explícitos ou implícitos em nosso ordenamento jurídico.

No próximo capítulo, passaremos a analisar, de modo mais detalhado, as medidas governamentais de desoneração de IPI que incidiram sobre o setor automotivo, a partir da crise de 2008, antes comentada.

160 Hugo de Brito Machado, Fábio Fanucchi, Paulo de Barros Carvalho, etc.

6
A extrafiscalidade e os Reflexos da Desoneração do IPI no Setor Automotivo

O objetivo deste capítulo é analisar os principais reflexos oriundos da desoneração do IPI para o setor automotivo, tendo como marco inicial, por sua relevância, o ano de 2009, período subsequente ao estouro da "bolha imobiliária" norte-americana, que contaminou parte importante da economia mundial.

Desde então, várias têm sido as ações de política fiscal,[161] por parte do Governo Federal, no sentido de utilizar o IPI como forma de impulsionar o setor automotivo, que é dos mais relevantes para a economia brasileira.[162] Em função da vasta gama de atos legislativos e executivos produzidos no âmbito do IPI, a partir do ano de 2009, os quais tinham como objeto o setor automotivo, com diferentes repercussões em matéria tributária, econômica e social, optou-se por segregar[163] o período analisado (2009-2017)[164] em ciclos tributários, da seguinte maneira:

[161] Política fiscal pode ser conceituada de diferentes maneiras, sendo uma delas o manejo dos tributos e dos gastos do governo para regular a atividade econômica. Ela é usada para neutralizar as tendências à depressão e à inflação. ECONOMIA NET. *Política fiscal.* [201-]. Disponível em: http://www.economiabr.net/economia/4_politica_fiscal.html. Acesso em: 2 out. 2017.

[162] A relevância do setor automotivo no desenvolvimento da economia brasileira foi comentada no Capítulo 5.

[163] Outras classificações podem ser realizadas, a depender do enfoque e dos objetos de pesquisa. O que se procurou, no caso, foi adotar um critério consistente e inteligível, buscando a adequada compreensão do texto e das análises.

[164] Até o mês de outubro.

- **Primeiro ciclo:** compreendido entre o mês de dezembro de 2009 e o mês de abril de 2010, período em que a política fiscal por parte do Governo Federal esteve adstrita à redução da alíquota do IPI dos veículos vendidos pelas montadoras[165] aos concessionários[166] e, a partir daí, para os consumidores finais, sem a exigência de contrapartida.
- **Segundo ciclo:** compreendido entre o mês de dezembro de 2011 e o mês de dezembro de 2012,[167] período marcado pelo início de um processo de transformação estrutural do setor automotivo, a partir da concessão de incentivos com a exigência de contrapartida, no contexto do denominado Novo Regime Automotivo (Novo Regime, Regime ou Regime Automotivo).[168]
- **Terceiro ciclo:**[169] período compreendido entre o mês de janeiro de 2013 e o mês de outubro de 2017, com profundas modificações estruturais e tributárias no setor automotivo, fruto das medidas adotadas pelo Governo Federal no âmbito do Plano Brasil Maior (PBM) e, mais especificamente, no contexto do Programa Inovar-Auto.

Sob a perspectiva dialética, cada um desses ciclos foi contextualizado (no subtópico denominado "contexto inicial"). A partir daí, foram incluídos apontamentos de natureza tributária, econômica e social, sob a perspectiva da extrafiscalidade, além da visão do TCU sobre cada um dos ciclos. Posteriormente, foram incluídos comentários gerais, aplicáveis aos três ciclos, sob o prisma do meio ambiente, da mobilidade urbana e da manutenção dos postos de trabalho.

[165] A expressão *montadora* tende a derivar da expressão inglesa *automaker*, cujo significado é o de "fazedor de autos". Durante esta pesquisa, não foram identificadas fontes que tratassem especificamente do tema.

[166] O relacionamento entre as montadoras e os concessionários está regido pela Lei n. 6.729/1979 ("Lei Ferrari"), subsequentemente alterada pela Lei n. 8.132/1990 e legislação correlata.

[167] Durante o período compreendido entre maio de 2010 e novembro de 2011, as alíquotas de IPI mantiveram-se estáticas e não foi instituído por parte do Governo Federal um programa específico de desoneração para esse intervalo. Por essa razão, há um lapso de tempo (entre maio de 2010 e novembro de 2011) entre o primeiro e o segundo ciclos.

[168] Com o advento da MP n. 1.024/1995, com reedições posteriores, foi introduzido o programa de políticas fiscais aplicáveis ao setor automotivo, que se consagrou como "Regime Automotivo" ou "Primeiro Regime Automotivo".

[169] A data de corte de análise desta obra foi o mês de outubro de 2017.

Ainda, uma questão semântica relevante no bojo desta obra merece ser destacada. De acordo com o Anexo I do Código Brasileiro de Trânsito (CBT) (BRASIL, 1997), o automóvel é conceituado como "veículo automotor destinado ao transporte de passageiros, com capacidade para até oito pessoas, inclusive o condutor". Por sua vez, veículo automotor é definido como "todo o veículo de propulsão que circule por seus próprios meios, e que serve, normalmente, para o transporte viário de pessoas e coisas, ou para a tração viária de veículos utilizados para o transporte de coisas e pessoas". O termo compreende também os veículos conectados a uma linha elétrica e que não circulam sobre trilhos (ônibus elétricos).

No bojo desta obra, os termos *veículos automotores* ou *veículos* devem ser entendidos como sinônimos, enquanto o termo *automóvel* refere-se a uma espécie do gênero *veículo*.

6.1. Primeiro Ciclo: Dezembro de 2008 a Abril de 2010

6.1.1. Contexto Inicial

Por intermédio do Decreto n. 6.687/2008 (BRASIL, 2008), a alíquota do IPI sobre a venda de veículos automotores ali relacionados foi reduzida entre dezembro de 2008 e março de 2009, como resposta do Governo Federal à crise econômica mundial iniciada em 2008.

A redução da alíquota de IPI, acobertada pelo referido decreto, não foi uniforme para todos os veículos automotores, tendo sido adstrita aos veículos nacionais e como fatores de diferenciação a potência do motor e o tipo de combustível, em conformidade com os códigos existentes na Nomenclatura Comum do Mercosul (NCM).[170]

[170] De acordo com o Manual de Importação da Universidade Estadual Paulista "Júlio de Mesquita Filho", "O Brasil, a Argentina, o Paraguai e o Uruguai adotam a Nomenclatura Comum do Mercosul (NCM), que tem por base o Sistema Harmonizado. Assim, dos oito dígitos que compõem a NCM, os seis primeiros são formados pelo Sistema Harmonizado, enquanto o sétimo e oitavo dígitos correspondem a desdobramentos específicos atribuídos no âmbito do Mercosul. O Sistema Harmonizado foi concebido para promover o desenvolvimento do comércio internacional, assim como aprimorar a coleta, a comparação e a análise das estatísticas, particularmente aos do comércio exterior". UNESP. Universidade Estadual Paulista "Júlio de Mesquita Filho". *Manual de Importação da UNESP*. Pró-Reitoria de Administração. São Paulo: UNESP, 2013, p. 13. Disponível em: http://www.google.com.br/url?sa=t&rct=j&q=&esrc=s&source=web&cd=6&ved=0ahUKEwi3jOioq8vWAhXEWBQKHXLoDdEQFghQMAU&url=http%3A%2F%2Fwww.unesp.br%2Fprad%2Fimportacao%2Fmanual-importacao.pdf&usg=AFQjCNFHtEzGVc1lzU3Pb8JY55VXq6NY7w. Acesso em: 29 set. 2017.

De modo mais específico, os maiores níveis de redução do IPI estavam direcionados a veículos automotores com menor potência (menor quantidade de cilindradas).[171] A partir daí a alíquota do IPI variava em função do tipo de combustível (álcool,[172] gasolina ou biocombustível). Como exemplo, pode-se mencionar a redução da alíquota do IPI para veículos de até mil cilindradas, de fabricação nacional e com motorização a álcool, gasolina ou biocombustível, que passou, nesse período, de 7% para 0%.

Em função do cenário econômico ainda recessivo,[173] a diminuição da alíquota do IPI que estava programada para, originalmente, perdurar até março de 2009, foi prorrogada para junho de 2009 (BRASIL, 2009a) e, em seguida, para setembro de 2009 (BRASIL, 2009a). A partir daí (BRASIL, 2009b), em bases mensais, as alíquotas de IPI foram sendo restabelecidas de maneira gradativa, até chegarem ao mês de janeiro de 2010 nos patamares anteriores aos da crise econômica mundial, com exceção dos veículos com motorização a álcool ou bicombustíveis, que só retornaram aos padrões de tributação originais em abril de 2010.

O Quadro 1, a seguir, apresenta as modificações ocorridas nas alíquotas do IPI para os automóveis[174] (com motorização até "1.0" e entre "1.1." e "2.0"), para as datas-bases de dezembro de 2008, janeiro de 2010 e abril de 2010.

[171] Nesse período, o percentual de conteúdo nacional ou regional não era fator de discriminação para a definição da alíquota do IPI.

[172] A nomenclatura atualmente adotada nas bombas de combustível é a do etanol. Optamos por manter a expressão "álcool" no texto, para guardar referência com as tabelas de incidência tributária.

[173] Em conformidade com a série de dados históricos do PIB, constante do sítio do IBGE, o percentual do PIB em 2007 foi de aproximadamente 6,1%, tendo decrescido para 5,2% em 2008 e para um patamar negativo de -0,3% em 2009. Em 2010 o percentual do PIB apresentou uma retomada histórica para 7,5%, que não se sustentou nos anos seguintes. INSTITUTO BRASILEIRO DE GEOGRAFIA E ESTATÍSTICA. *Indicadores sociais*: PIB. [2017]. Disponível em: https://agenciadenoticias.ibge.gov.br/agencia-sala-de-imprensa/2013-agencia-de-noticias/releases/13983-asi-em-2010-pib-varia-75-e-fica-em-r-3675-trilhoesAcesso em: 27 jun. 2019.

[174] Em função da quantidade de códigos NCM atribuídos aos mais diversos tipos de veículos automotores, optou-se por considerar, para fins ilustrativos e pela relevância, os automóveis.

Quadro 1 – Modificações ocorridas nas alíquotas do IPI para os automóveis (com motorização até "1.0" e entre "1.1." e "2.0"), para as datas-bases de dezembro de 2008, janeiro de 2010 e abril de 2010.

Origem	Motorização	Combustível	IPI Antes da Crise	IPI Dezembro de 2008	IPI Janeiro de 2010	IPI Abril de 2010
Nac.	Até 1.0	Álcool ou biocombustível	7,0%	0%	3,0%	7,0%
Nac.	Até 1.0	Gasolina	7,0%	0%	7,0%	7,0%
Nac.	1.1 a 2.0	Álcool ou biocombustível	11,0%	5,5%	7,5%	11,0%
Nac.	1.1 a 2.0	Gasolina	13,0%	6,5%	13,0%	13,0%
Imp.	Até 1.0	Álcool ou biocombustível	7,0%	7,0%	7,0%	7,0%
Imp.	Até 1.0	Gasolina	7,0%	7,0%	7,0%	7,0%
Imp.	1.1 a 2.0	Álcool ou biocombustível	11,0%	11,0%	11,0%	11,0%
Imp.	1.1 a 2.0	Gasolina	13,0%	13,0%	13,0%	13,0%

Fontes: Borgh (2013) e Alves e Wilbert (2014).

Como se pode aduzir da análise do Quadro 1, naquele período, o foco da redução da alíquota de IPI estava concentrado em automóveis de menor potência e de fabricação nacional, que são mais acessíveis ao público consumidor.

Por fim, e diferentemente dos ciclos que serão posteriormente analisados, as reduções de IPI aqui concedidas não tinham como requisito para a sua fruição qualquer contrapartida por parte do contribuinte.

6.1.2. Apontamentos

De início, é oportuno destacar que, em estudo econômico comparativo acerca do setor automotivo, Barros e Pedro (2011) afirmam que, durante o mesmo período sob análise (2008/2010), outros países – a exemplo da Alemanha, China, EUA, França, Itália e Reino Unido – também adotaram normas ou pacotes de estímulos para tentar mitigar os reflexos da crise econômica mundial no setor, a exemplo do Brasil (Barros e Pedro, 2011,

p. 176). De modo mais preciso, segundo os autores, "as medidas de apoio governamental foram determinantes para atenuar os efeitos da crise econômica no setor automotivo" (Barros e Pedro, 2011, p. 176).

Esse cenário reforça a importância do estudo e da compreensão da extrafiscalidade no direito comparado. Por mais que os sistemas jurídicos e, de forma particular, os sistemas jurídico-tributários, possam ser fruto de diferentes motivações e contextos multiculturais, experimenta-se cada vez mais um ambiente de economia transnacional, sobre o qual uma nação não tende (ou não consegue) ficar imune, por exemplo, às intempéries da economia mundial.

Nesse contexto, uma leitura do já mencionado estudo de Barros e Pedro sob a perspectiva da extrafiscalidade demonstra que os países antes mencionados nada mais fizeram senão editar normas indutoras para estimular ou desestimular certos comportamentos por parte dos agentes econômicos pertencentes ao setor automotivo, como forma de tentar preservar as respectivas curvas de emprego, produção, consumo e a própria economia, a exemplo do que fez o Brasil (Barros e Pedro, 2011, p. 180).

A forma pode ter sido distinta em função de cada regramento jurídico, mas, em essência, os mecanismos foram os mesmos ou, pelo menos, muito similares: utilização de instrumentos de política fiscal que, dentro dos limites da lei, possibilitassem um poder de reação célere por parte do Estado na busca por uma gestão responsável e eficiente da coisa pública.

Um ponto de reflexão importante e ainda pouco explorado pela doutrina traduz-se na análise quanto à efetividade da norma predominantemente extrafiscal; em outras palavras, se a norma indutora, do ponto de vista social e econômico, atingiu os objetivos que motivaram a sua introdução no ordenamento jurídico, seja do ponto de vista do poder público, seja do ponto de vista do particular.

A desoneração do IPI foi objeto de análise por parte de Wilbert *et al.* (2014), que produziram um estudo econômico acerca dos reflexos desse tributo sobre a venda de automóveis no Brasil entre os anos de 2006 e 2013. A conclusão dos autores, com a ressalva de que o tema por eles pesquisado mereceria maiores investigações, foi no seguinte sentido:

> Em termos gerais, as vendas dos veículos apresentaram crescimento **e grande oscilação. O crédito destinado às pessoas físicas teve um grande aumento no período, mas em contrapartida a renda média das pessoas ocupadas sofreu redução real.**

> [...]
> Com a realização dos testes de regressão, **os resultados obtidos não mostraram relação de significância entre a redução do IPI e a venda de automóveis, para nenhum dos períodos analisados. Assim, não é possível afirmar que a venda de automóveis foi alterada pela redução do imposto.** (WILBERT *et al.*, 2014, p. 120, grifo nosso)

A leitura do trecho do estudo, acima, demonstra que, com base na metodologia cientifica adotada no trabalho, não foi possível afirmar com precisão que a redução da alíquota do IPI, para o período analisado, tenha sido o fator preponderante para o impulso das vendas de veículos no período.

Por certo, a expectativa é a de que a repercussão econômica da redução do IPI no preço de venda do veículo da montadora para o concessionário, e dele para o consumidor final, tenha potencialmente influenciado no processo de tomada de decisão por parte do comprador, contribuindo, assim, para o incremento do volume de vendas.

Não obstante, como afirmaram os próprios autores, o tema carece de investigações adicionais, sendo uma delas no sentido de tentar correlacionar de forma objetiva e com o suporte de uma ou mais metodologias científicas que sejam sustentáveis, o reflexo do IPI (e da redução de preço) no incremento das vendas, como forma de aferir a efetividade da norma, no espectro do comportamento que ela pretendeu induzir.

Outro aspecto importante levantado por Wilbert *et al.* (2014, p. 120) diz respeito ao aumento do nível de consumo, como consequência natural do incremento de venda de veículos. Isso porque, do ponto de vista econômico, o consumo representa um gasto e o aumento na concessão de crédito mencionado no estudo, em contraposição, expressa um menor nível de renda para parte do período analisado, e tende a representar um aumento no nível de endividamento por parte dos particulares.

Apesar disso, a concessão ou tomada de crédito não deve, necessariamente, ser vista como um problema, uma vez que ela representa um instrumento clássico de política monetária (expansionista ou contracionista) da economia (ROSSETTI, 2016, p. 719) e, consequentemente, do setor automotivo. Destaca-se que esse setor, aliás, representou uma das molas propulsoras para o desenvolvimento da indústria de concessão do crédito ao consumidor no mundo, a partir da produção do veículo da marca Ford

– modelo "T".[175] Nesse contexto, o que deve ser monitorado e de alguma forma controlado, é o eventual excesso de endividamento dos agentes econômicos e o correspondente reflexo nas diversas cadeias de valor em que eles estão inseridos.

Não obstante, é oportuno lembrar que o estouro da bolha imobiliária norte-americana se originou da incapacidade de os agentes econômicos não honrarem as suas hipotecas imobiliárias. De acordo com a Associação Nacional das Empresas Financeiras de Montadoras (Anef), historicamente cerca de 70% da venda de automóveis e 90% da venda de caminhões e ônibus, no Brasil, são realizadas por meio de financiamento, consórcio ou *leasing* (Barros e Pedro, 2011, p. 192).

Uma análise realizada pelo Instituto de Pesquisa Econômica Aplicada (Ipea), para o mesmo período, demonstra que o nível de concessão de crédito decorrente da aquisição de veículos não foi aumentado, necessariamente, em função da crise, mas por conta da queda dos juros, da extensão do prazo de financiamento de veículos e de outras mudanças institucionais no Brasil, como a possibilidade de utilização da alienação fiduciária[176] para coisas fungíveis e de direito (Barros e Pedro, 2011, p. 192-193). Apesar de um cenário de concessão de crédito aparentemente estável, as perdas decorrentes da inadimplência de operações financeiras oriundas da aquisição de veículos contribuíram de forma importante para a eclosão da crise bancária brasileira do início de 2012, como será visto adiante (BANCO CENTRAL DO BRASIL, 2013, p. 18).

[175] Conforme Mendonça, segundo Ventura (2000), o financiamento de automóveis começou informalmente, com a concessionária trabalhando com bancos e outras instituições financeiras, e algumas vezes utilizando suas próprias carteiras para oferecer carros em um plano de prestação mensal. Henry Ford relutou em encorajar empréstimos a consumidores, pois entendia que o fabricante deveria apenas produzir veículos, e o financiamento deveria ser realizado por outras instituições financeiras. Entretanto, em 1923, a produção do veículo Ford modelo "T" estava muito aquém das vendas previstas. Dessa forma, ele decidiu experimentar um plano de vendas em longo prazo para consumidores. Mendonça, Luis Geraldo. *Elementos a serem considerados na concessão de crédito ao consumidor.* 2002. 97 f. Dissertação (Mestrado em Administração Pública) – Fundação Getulio Vargas, Rio de Janeiro, 2002, p. 15. Disponível em: http://bibliotecadigital.fgv.br/dspace/bitstream/handle/10438/4097/000308581.pdf. Acesso em: 30 set. 2017.

[176] Introduzida no cenário jurídico brasileiro pela Lei n. 4.728/1965. A partir da MP n. 2.160-25/2001, convertida na Lei n.10.931/2004, foi permitido que a alienação fiduciária fosse utilizada para transações envolvendo coisas fungíveis e de direito.

Por fim, de acordo com um estudo promovido pela FGV, a pedido do jornal *Folha de S.Paulo*, no ano de 2009, o percentual de redução do preço dos veículos acompanhou o percentual de redução da alíquota do IPI,[177] fato esse que demonstrou o compromisso dos agentes econômicos afetados (montadoras e concessionários) com a retomada das vendas naquele momento. Um ponto de reflexão que se insurge é se a norma indutora deveria à época ter determinado de forma expressa a obrigatoriedade de repasse de todo o efeito da redução do IPI nos preços finais do veículo (montadora/concessionária e concessionária/consumidor final) e se medidas dessa natureza seriam convenientes sob a ótica extrafiscal, para garantir que os reflexos tributários decorrentes dessas normas repercutissem em toda a cadeia de valor.

6.1.3. A Desoneração Automotiva do Primeiro Ciclo e a Visão do TCU

O TCU, como órgão de *accountability*, acompanhou os reflexos oriundos da desoneração do IPI, que resultou em uma renúncia fiscal da ordem de R$ 1,4 bilhão ao longo do segundo semestre de 2009 e R$ 975 milhões nos três primeiros meses de 2010 (Borgh, 2013, p. 114).

Por fim, apesar das datas dos relatórios do TCU (s/d), em algumas situações, não coincidirem com os recortes temporais dos três ciclos econômicos, os comentários e conclusões constantes naqueles documentos foram aproveitados, sempre que julgado pertinente, a saber:

> Item 2.2.5.12 – Segundo apurado pelo Ipea, a partir de dados da Associação Nacional dos Fabricantes de Veículos Automotores (Anfavea), **as vendas no primeiro semestre de 2009 superaram as dos mesmos períodos, estimando em 13,4% a parcela do aumento das vendas que poderia ser atribuída ao IPI mais baixo do período** [...] Quanto ao impacto sobre o emprego, o estudo do Ipea **apontou desaceleração na tendência de redução de emprego ao longo do primeiro semestre de 2009, sugerindo, a partir de algumas hipóteses, que "a redução do IPI contribuiu para manter entre 50 mil e 60 mil empregos diretos e indiretos na economia brasileira no primeiro semestre.**
>
> [...]
>
> Item 2.2.5.1.2 – **Os resultados obtidos confirmam a percepção de que a redução do IPI foi bastante importante para a recuperação das vendas**

[177] Após as equalizações necessárias.

> **do setor automotivo no período subsequente à crise financeira internacional.**
>
> [...]
>
> Item 2.2.5.15 – **Todavia, visto que o impacto da redução do IPI sobre as contas públicas e sobre o Fundo de Participação dos Estados (FPE) e o Fundo de Participação dos Municípios (FPM) não é desprezível, pode-se questionar qual medida teria apresentado a maior eficiência (isto é, melhor relação entre resultados alcançados e recursos aplicados).** (grifo nosso)

Os trechos constantes do relatório do TCU apontam no sentido de que o IPI teria contribuído diretamente para o incremento das vendas, o que, em nosso entendimento, não invalida a conclusão do estudo antes analisado de Wilbert, Serrano, Gonçalves e Alves, que reconheceu a contribuição do IPI para o processo de reaquecimento da economia, mas que não conseguiu correlacionar, de forma direta e com base na metodologia cientifica ali utilizada, a redução do preço de venda decorrente da desoneração do IPI com o aumento das vendas, para aquele período.

Parece-nos que o desafio enfrentado pelos autores, que não diverge do desafio enfrentado no processo de compreensão e aferição dos resultados práticos da norma indutora, ganha ares de complexidade na medida em que nem todas as variáveis que devem ser consideradas na análise são objetivas. De fato, parte delas é subjetiva e afeita a uma grandeza imponderável, já abordada no Capítulo 3: não há como prever, com precisão, o comportamento dos particulares e como eles podem reagir diante dos estímulos e desestímulos oriundos da norma indutora.

Como visto anteriormente, o relatório do TCU também menciona a desaceleração da tendência de redução de emprego como resultado da desoneração do IPI para o setor automotivo. Esse aspecto parece representar uma consequência natural da manutenção ou do incremento das vendas de veículos para um período curto de tempo, já que, para que o ciclo operacional[178] de uma montadora materialize-se a partir da venda e

[178] De acordo com as lições de Baldissera, Novak, Selenko e Andruchechen, o ciclo operacional compreende o intervalo de tempo entre a compra da matéria-prima, até o recebimento da venda. BALDISSERA, Carla; NOVAK, Roseli Alberti; SELENKO, Osni *et al.* Análise do ciclo operacional e financeiro: um estudo de caso em uma empresa do ramo moveleiro em São Bento do Sul-SC. *In*: CONGRESSO BRASILEIRO DE CUSTOS, 22.; 2015. Foz do Iguaçu-PR. *Anais*

entrega de veículos, é necessário haver produção e, para haver produção, é necessário manter mão de obra, mesmo considerando potencial desenvolvimento tecnológico experimentado.

Ainda, um aspecto igualmente relevante é o do Fundo de Participação dos Estados (FPE)[179] e do Fundo de Participação dos Municípios (FPM),[180] que, de forma geral, consiste na distribuição de parte da arrecadação do IPI[181] para os Estados e municípios e nas outras situações previstas nas alíneas *a* e *b* do art. 159 da CF/1988.[182] Esse aspecto, por óbvio, deve ser levado em conta pelo legislador ou pelo Poder Executivo diante de eventuais cenários de desoneração tributária, ou outros, na medida em que os reflexos indiretos da norma preponderantemente extrafiscal devem ser cuidadosamente avaliados. O que se deve buscar é um ponto de equilíbrio (*break-even*), entre todos os agentes direta ou indiretamente influenciados pela norma indutora, inclusive os Estados e municípios,[183] o que reforça a necessidade de elaboração prévia de estudos econômicos, financeiros e sociais robustos para suportar a edição da norma.

6.1.4 . Comentários Adicionais

No primeiro ciclo analisado, a extrafiscalidade materializou-se a partir da desoneração do IPI para as montadoras, tendo sido adotada uma técnica de desoneração "para a frente", sem considerar a cadeia de valor das montadoras como um todo ("para trás") e a exigência de contrapartida para os contribuintes.

A análise do relatório do TCU (s/d) indica a contribuição do IPI para o atingimento dos objetivos da norma indutora (estímulo à indústria automotiva e manutenção do nível de emprego). Apesar disso, chama a atenção o voto proferido pelo Ministro Raimundo Carreiro na sala das sessões, em 8 de maio de 2013, que afirmou que "não há estudos governamentais siste-

eletrônico... Foz do Iguaçu-PR: ABC, 2015. Disponível em: https://anaiscbc.emnuvens.com.br/anais/article/view/3985/3986. Acesso em: 30 set. 2017.

[179] Fundo de Participação dos Estados.

[180] Fundo de Participação dos Municípios.

[181] E do Imposto sobre a Renda (IR).

[182] Esse artigo estabelece as regras para a entrega do produto da arrecadação (49%) do IR e sobre o IPI, aos denominados Fundos de Participação dos Estados, Distrito Federal e Municípios, além de Programas para o financiamento ao setor produtivo das regiões Norte, Nordeste e Centro-Oeste, nas suas diversas modalidades.

[183] Nas condições previstas na CF/1988.

matizados que demonstrem os impactos sociais e regionais dessa renúncia de receita tributária no que tange aos fundos constitucionais de financiamento e de participação".

Em complemento ao voto do iminente Ministro, acrescentamos também que durante a presente pesquisa não foi possível identificar um estudo sistematizado com a demonstração dos reflexos da norma indutora sob a perspectiva social, econômica e tributária.

A disponibilização de um estudo dessa natureza (com cronogramas, indicadores de processo,[184] controle[185] e de desempenho, desvios e resultados atingidos) representaria um instrumento importante no processo de prestação de contas do Estado para o particular e respectivo acompanhamento da gestão pública pelos órgãos de controle, como é o caso do TCU.

[184] "Configura-se condição fundamental o estabelecimento de um sistema de medição da performance de cada processo, por meio de indicadores (quantitativos ou qualitativos). Fóruns de análise crítica regulares com a implementação de medidas preventivas, corretivas ou de melhoria complementam esse cenário, dando ao responsável de cada processo o poder de melhorá-lo continuamente". Conforme definido em COMPLIANCE TOTAL. *Processos e controles*. [2017?]. Disponível em: https://www.compliancetotal.com.br/compliance/processos_e_controles. Acesso em: 30 nov. 2017.

[185] "Um controle caracteriza-se por uma atividade para verificar a conformidade de um processo em relação a um padrão estabelecido. Os controles internos tornaram-se mais relevantes com o advento do SOx (ou SarbOx – lei americana criada em 2002, por iniciativa do senador Paul Sarbanes e do deputado Michael Oxley, em reposta às fraudes e escândalos contábeis da época, os quais atingiram grandes corporações. O seu objetivo era evitar a fuga dos investidores, face à insegurança e perda de confiança em relação às informações contábeis e aos princípios de governança nas empresas).

Os controles podem ser preventivos ou detectivos, mas no âmbito do *compliance*, podem-se encontrar classificações como 'controles de *compliance*' e 'testes de *compliance*', sendo os primeiros ligados à verificação e aprovação e os últimos com a finalidade de verificar a efetividade dos próprios controles.

Impõe-se estabelecer a periodicidade de realização dos controles e/ou testes de acordo com os riscos de cada processo. Selecionar o método, documentar de maneira adequada e seguir com rigor os critérios estabelecidos são fundamentais nesse processo, principalmente para garantir a repetibilidade e a qualidade do controle ou teste.

Os registros elaborados necessitam contemplar todas as informações necessárias de forma a admitir um especialista terceiro (que não tenha participado do controle ou teste) executar o mesmo processo e alcançar os mesmos resultados. A seleção das amostras também se torna fundamental para assegurar a devida confiabilidade dos resultados encontrados nos controles e testes realizados". Conforme definido em COMPLIANCE TOTAL, [2017].

6.2. Segundo Ciclo: Dezembro de 2011 a Dezembro de 2012

6.2.1. Contexto Inicial

Apesar de todos os esforços empreendidos pelos países integrantes do G-20[186] no sentido de recuperar a economia mundial, ainda abalada pela crise deflagrada em 2008, a crise da Zona do Euro, iniciada em 2010, com epicentro na Grécia,[187] abalou novamente a confiança na economia, acentuando ainda mais o momento recessivo que o mundo estava enfrentando desde 2008 e que perduraria até a primeira metade da década de 2010.

Com o intuito de tentar reverter o momento negativo que passou a pairar sobre a economia brasileira, o Governo Federal lançou mão, em 2011, de uma série de medidas de política econômica e fiscal que, junto com o PAC,[188] de 2007, deveriam conduzir o país a um novo período de crescimento. A título ilustrativo, o Gráfico 1 demonstra a situação em que o PIB brasileiro se encontrava em 2011, comparativamente a 2010, com queda de 4,8 pontos percentuais, demonstrando o início de um processo de encolhimento da economia, tendência essa que acabou se confirmando em 2012.

[186] De acordo com arquivos de economia e finanças presentes no sítio do Bacen, o G-20 é um fórum informal que promove debate aberto e construtivo entre países industrializados e emergentes sobre assuntos-chave relacionados à estabilidade econômica global. O G-20 apoia o crescimento e o desenvolvimento mundial por meio do fortalecimento da arquitetura financeira internacional via oportunidades de diálogo sobre políticas nacionais, cooperação internacional e instituições econômico-financeiras internacionais. BANCO CENTRAL DO BRASIL. *Grupo dos vintes (G-20)*. [2017]. Disponível em: http://www.bcb.gov.br/?g20. Acesso em: 30 set. 2017.

[187] A crise da Zona do Euro deflagrou-se a partir da Grécia, estando relacionada à entrada desse país na UE. Como todo país que ingressou na UE, a Grécia teve que, além de cumprir uma série de metas fiscais, monetárias e financeiras, renunciar à possibilidade de emitir sua própria moeda. ECODEBATE. *2010, Economia*: crise Econômica Internacional não se esgotou. Mangaratiba-RJ, 23 dez. 2010. Disponível em: https://www.ecodebate.com.br/2010/12/23/2010-economia-crise-economica-internacional-nao-se-esgotou/. Acesso em: 30 set. 2017.

[188] De acordo com as informações existentes na página do PAC, no sítio do Ministério do Planejamento, o PAC consiste em um programa voltado à execução de grandes obras de infraestrutura social, urbana, logística e energética, de forma sustentável. MINISTÉRIO DO PLANEJAMENTO. *Sobre o PAC*. [2017]. Disponível em: http://www.pac.gov.br/sobre-o-pac. Acesso em: 1 out. 2017.

Gráfico 1 – Variação do PIB ao longo de uma década.

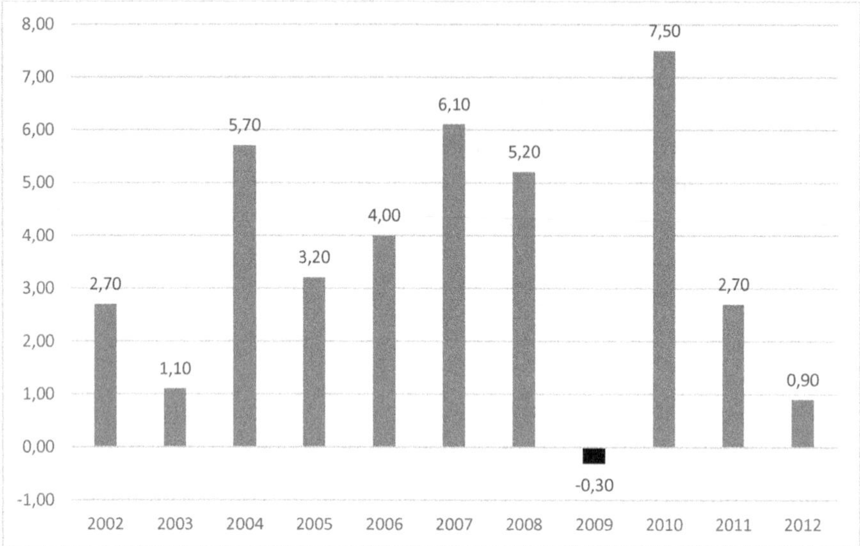

Fonte: Instituto Brasileiro de Geografia e Estatística (IBGE), 2017.

Em agosto de 2011, foi anunciado pelo Governo Federal o PBM, que, em linhas gerais, tinha por objetivo aumentar o nível de competitividade da indústria brasileira, sob o mote de "Inovar para Competir". Nesse contexto, ele trouxe novas diretrizes de políticas industriais, tecnológicas e de serviços como forma de estimular uma nova atitude empresarial brasileira e fazer jus aos desafios que eram enfrentados pelo país em um ambiente de economia global integrada. O PBM deu origem a mudanças significativas no segmento automotivo a partir de 2013, que serão analisadas posteriormente.

De forma combinada ao PBM, o Brasil adotou outras políticas fiscais que estimulavam, de maneira isolada ou em conjunto, os setores que eram considerados chave na visão do Governo Federal para a reativação da economia. Entre os setores incentivados estavam a construção civil,[189] a produção de eletrodoméstico (linha branca)[190] e a produção automotiva.

[189] Para o setor de construção civil, a opção foi continuar mantendo a desoneração já existente desde 2009, a partir da redução da alíquota do IPI sobre os materiais que eram considerados integrantes da "cesta básica" da construção, a exemplo do aço, do cimento e das tintas. É interessante notar que nesse caso a redução do IPI não se restringiu aos agentes finais da cadeia de valor, por exemplo, ocorreu na desoneração do segmento automotivo entre dezembro

Foi assim que o Governo Federal lançou em setembro de 2011,[191] com vigência entre dezembro de 2011 e dezembro de 2012, o denominado Novo Regime Automotivo, que foi inovador em relação às desonerações de IPI concedidas no ciclo anterior. Até então, não havia uma condição a ser cumprida para a fruição das reduções das alíquotas do IPI para a venda de veículos. Em outras palavras, as reduções eram concedidas a título gratuito (sem contrapartida), como forma de estimular o setor e impulsionar as vendas.

Com o advento do Novo Regime, essa realidade modificou-se, na medida em que, para fruir dos benefícios embutidos no Novo Regime, as montadoras deveriam cumprir certas condições objetivas que, na visão do Regime, contribuiriam para o início de um processo de reconstrução sustentável do setor. De acordo com as regras do Novo Regime, as montadoras deveriam observar os seguintes, dentre outros aspectos:

- Utilizar na fabricação de seus veículos no mínimo 65% de conteúdo local ou regional, em linha com a legislação aplicável.[192]
- Realizar investimentos em atividades de inovação, pesquisa e desenvolvimento tecnológico de produto e processo no país, com base em percentuais da receita bruta total da empresa beneficiária, conforme normativa infralegal aplicável.[193]
- Realizar no mínimo 6 de 11 etapas da cadeia produtiva em território nacional, a saber: (i) montagem, revisão final e ensaios compatí-

de 2008 e abril de 2010. Agora, de forma diferente, o foco foi estimular a maior quantidade possível de agentes econômicos pertencentes ao segmento da construção civil, ou seja, do "pequeno" ao "grande" empreendedor. Decreto n. 6.809/2009, Decreto n. 6.890/2009, Decreto n. 7.394/2010 e Decreto n. 7.542/2011.

[190] Para o segmento dos eletrodomésticos classificados na categoria da linha branca, a desoneração do IPI capturou os agentes finais da cadeia de valor (fabricante, distribuidor e consumidor final) e a estratégia adotada em âmbito de política fiscal foi a de também manter as desonerações que vinham sendo concedidas também desde 2009. Decreto n. 6.825/2009, Decreto n. 6.890/2009, Decreto n. 6.996/2009, Decreto n. 7.660/2011 e Decreto n. 7.705/2012.

[191] Instituído pela MP n. 540/2011, convertida na Lei n. 12.546/2011 e regulamentada pelo Decreto n. 7.567/2011, posteriormente alterada pelo Decreto n. 7.604/2001 e pelo Decreto n. 7.725/2012. Esse decreto, em especial, levava em consideração os veículos classificados nas posições 87.01 e 87.06 da TIPI.

[192] Essa regra comportava exceções para alguns os países com os quais o Brasil matinha acordo comercial automotivo, observada a legislação aplicável.

[193] Receita bruta total de venda de bens e serviços, excluídos os impostos e contribuições incidentes sobre a venda, de acordo com a alínea *b* do inciso III do § 1º do art. 2º do Decreto n. 7.567/2012.

> veis; (ii) estampagem; (iii) soldagem; (iv) tratamento anticorrosivo e pintura; (v) injeção de plástico; (vi) fabricação e motores; (vii) fabricação de transmissão; (viii) montagem de sistemas de direção, de suspensão, elétrico e de freio, de eixos, de motor, de caixa de câmbio e de transmissão; (ix) montagem de chassis e de carrocerias; (x) montagem final de cabines ou de carrocerias, com instalação de itens, inclusive acústicos e térmicos, de forração e de acabamento; e (xi) produção de carrocerias preponderantemente por meio de peças avulsas estampadas ou formatadas regionalmente.

Os veículos que não se enquadrassem nessas condições sofreriam um aumento percentual na alíquota de IPI correspondente.[194]

6.2.2. Apontamentos

De início, é importante destacar que os conceitos e comentários apontados no primeiro ciclo de desoneração do IPI (período compreendido entre o mês de dezembro de 2008 e o mês de abril de 2010) também se aplicam ao período agora em comento, dezembro de 2011 até dezembro de 2012. Trata-se de questões relacionadas à extrafiscalidade, como instituto jurídico, com reflexo nas ciências econômicas e sociais.

É nesse contexto que se inserem, por exemplo, a importância de entender os padrões extrafiscais existentes em ordenamentos jurídicos estrangeiros e buscar inspiração nas melhores práticas. Ressalta-se, ainda, a relevância de compatibilizar os efeitos de desonerações tributárias no bojo do FPE e do FPM, uma vez que os reflexos decorrentes de desonerações, em matéria tributária, devem ser avaliados, não somente sob a perspectiva do direito tributário, mas também do ponto de vista do direito financeiro.

Como já mencionado, diferentemente das desonerações antes ocorridas no âmbito do setor, o Novo Regime Automotivo impôs a observância de regras objetivas para que as montadoras pudessem fruir dos benefícios existentes e, em especial, evitar os 30 pontos percentuais de acréscimo de IPI. Essa mudança de atitude por parte do Governo Federal foi, em muito, fruto do desequilíbrio da balança comercial automotiva, que, desde 2009, demonstrou um volume crescente de veículos importados superior ao volume de veículos exportados (Barros e Pedro, 2011, p. 187).

194 Com exceção dos veículos originários do Uruguai, México e Argentina.

Por essa razão, a estratégia do Governo Federal com o Regime foi privilegiar a produção nacional, em detrimento da importação de veículos, e incentivar o aumento das atividades fabris e de pesquisa e desenvolvimento no Brasil. De fato, essas medidas foram introduzidas em um momento em que o setor automotivo necessitava de subsídios para se reequilibrar e continuar se desenvolvendo.

É inegável que a partir dos requisitos do Novo Regime Automotivo e da continuidade dessa política nos anos seguintes, o Brasil beneficiou-se a partir do desenvolvimento dos parques fabris e tecnológicos já instalados no país, além da vinda de montadoras estrangeiras.[195] Não obstante, a leitura do Regime indica que os requisitos atribuídos à desoneração do IPI poderiam ser mais amplos, exigindo a manutenção ou aumento da quantidade de mão de obra por períodos determinados ou, pelo menos, durante a vigência do Regime.

O novo Regime perdurou, essencialmente durante o ano de 2012, e acoplou-se ao PBM, que foi acompanhado de um pacote de medidas de estímulo à indústria nacional. A partir daí uma nova política automotiva, inspirada no Novo Regime, foi construída, passando a viger a partir do ano de 2013 (Inovar-Auto). Esse processo de reflexão teve a participação da sociedade civil organizada, por meio, principalmente, de entidades de classe. Nesse particular, é interessante notar que, à época, a Anfavea[196] elaborou um estudo[197] sobre o nível de competitividade do setor automotivo brasileiro em comparação com outros países. Um dos resultados desse estudo, que, naquele momento, foi encaminhado à apreciação do Governo Federal, foi o de que os custos para a produção da cadeia automotiva do Brasil eram em média 60% maiores do que os dos países incluídos na metodologia de comparação, o que indicava a necessidade de reformas iminentes no segmento.

[195] Como exemplo: BMW, no município de Araquari, no Rio de Janeiro; Hyundai, no município de Piracicaba, no Estado de São Paulo; Jaguar e Land Rover, no município da Itatiaia, no Estado do Rio de Janeiro; Nissan, no município de Resende, no Estado do Rio de Janeiro.

[196] Em conjunto com a consultoria PwC.

[197] O sumário executivo com o resultado do estudo desenvolvido está disponível em: ANFAVEA. Competitividade do setor automobilístico brasileiro. *In*: *SlideShare*, 6 jul. 2011. Disponível em: https://webcache.googleusercontent.com/search?q=cache:ENeGfCDSF4oJ:https://pt.slideshare.net/jc.gutierrez/anfavea-290611+&cd=1&hl=es&ct=clnk&gl=br. Acesso em: 1 out. 2017.

Finalmente, é importante destacar que, de acordo com o Relatório de Estabilidade Financeira, editado pelo Banco Central do Brasil (2013, p. 18), o aumento

> [...] nas perdas decorrentes da inadimplência em financiamentos de veículos e de capital de giro, modalidades representativas para as instituições privadas, levaram à adoção de políticas mais conservadoras de concessão, com reflexo na taxa de crescimento das suas carteiras.

Esse cenário de restrição de crédito, fruto do reconhecimento das perdas por inadimplência experimentadas pelas instituições financeiras nessas transações, contribuiu para a crise bancária brasileira experimentada no início da década de 2010, fato esse que evidencia um potencial desalinhamento entre os objetivos das desonerações e algumas das repercussões dela decorrentes. Esse fato reforça a necessidade de estudos econômicos e financeiros que suportem a edição das normas preponderantemente extrafiscais na visão e na análise das variáveis macro e microeconômicas aplicáveis.

6.2.3. A Desoneração Automotiva do Segundo Ciclo e a Visão do TCU

Uma das principais justificativas para a introdução do Novo Regime Automotivo foi a necessidade de proteger a indústria automotiva nacional contra a importação de veículos automotores e peças. Como antes mencionado, essa situação estava refletindo diretamente na balança comercial do setor automotivo, que apresentava desde 2009 um saldo negativo: maior volume de importações, em contraposição a um menor volume de exportações.

O TCU, no processo de acompanhamento das contas públicas em 2013, com o suporte dos órgãos técnicos do governo e de entidades de classe, corroborou a justificativa lançada pelo Governo Federal no âmbito do Novo Regime Automotivo, no documento *TC 020.911/2013-0. Grupo I – Classe VII – Plenário* (s/d), da seguinte maneira:

> Item 2.2.5.4. [...] "o veículo brasileiro incorpora muitas autopeças importadas, **haja vista que o crescimento das importações de autopeças foi muito superior ao crescimento da produção de veículos**" Segundo informado, "no período de 2004-2011, o crescimento das importações de autopeças (193%) foi muito superior ao crescimento da produção brasileira de veículos (56%)", sendo que "[...] os investimentos da indústria brasileira de autopeças para

> ampliação da capacidade instalada não têm acompanhado o aumento da produção das montadoras" (peça 54, p. 15-16).
>
> Item 2.2.5.5 – Ainda segundo o MDIC, "**a redução da competitividade dos veículos brasileiros reflete-se nos dados estatísticos que mostram o aumento da participação de veículos importados no mercado interno (5,1% em 2005 para 23,6% em 2011) e a redução da participação dos veículos exportados em relação à produção total (30,7% em 2005 para 15,9% em 2011)". Assim, "a análise das causas da perda de competitividade da produção local evidenciaram a necessidade de fortes ações para reduzir custos que incidem interna e externamente sobre a cadeia produtiva"** (peça 54, p. 16)· (grifo nosso)

A análise constante do relatório do TCU, acima, é oportuna, na medida em que o documento traz reflexões sobre o assunto no tempo e no espaço. Em relação ao tempo, é certo que o então cenário de não competividade vivido pela indústria automotiva nacional, que também fora objeto de apontamento no estudo produzido pela Anfavea,[198] é fruto de anos de políticas fiscais e econômicas paliativas. Nesse contexto, é possível que as medidas anteriores não enfrentaram, adequadamente, os desafios estruturais do setor, que, como já visto, é dos mais representativos do PIB brasileiro.

Em relação ao espaço, o relatório do TCU, com o suporte técnico adequado, ratifica a introdução das regras objetivas constantes do Novo Regime para a manutenção da alíquota reduzida do IPI, a saber: (i) conteúdo local, a partir da necessidade de redução do volume de importação de autopeças; (ii) realização de no mínimo seis etapas produtivas no país, a partir da necessidade de ampliação da capacidade instalada para aumentar a produção nacional e reduzir o volume de importação de veículos; (iii) realização de atividades de pesquisa e desenvolvimento, a partir da necessidade de aportar no Brasil novas tecnologias que possam contribuir para o aumento do nível de eficiência e, em última análise, de competitividade, tão procurado pelo setor.

6.2.4. Comentários Adicionais

O Novo Regime Automotivo, apesar de ter perdurado por pouco mais de um ano, representou um importante marco de política fiscal aplicável

198 Em conjunto com a PwC.

ao setor automotivo, ao iniciar um processo de transformação estrutural tão necessário para o fortalecimento da indústria nacional e combater, no curto prazo, a competição externa (veículos automotores e partes e peças importadas).

Como resultado, pode-se inferir que o Novo Regime foi oportuno. Durante as pesquisas, não se pôde identificar um estudo consolidado, com os reflexos do Novo Regime, seja para fins de edição da norma, seja para fins de aferição da efetividade da norma.

A exigência de contrapartida no contexto da desoneração do IPI (redução/30 pontos percentuais) pelos contribuintes denota a importância, por parte do poder público, do desenvolvimento e da introdução de programas de fiscalização consistentes, além da avaliação quanto à conveniência de utilização intensiva de tecnologia para ampliar a amostra de contribuintes fiscalizados, como apontado pelo TCU no Inovar-Auto.

6.3. Terceiro Ciclo: Janeiro de 2013 a Outubro de 2017

6.3.1. Contexto Inicial

Na esteira dos objetivos do PBM e em substituição ao Novo Regime Automotivo, foi editada a MP n. 563/2012,[199] convertida na Lei n. 12.715/2012,[200] que criou o Programa Inovar-Auto.

O Programa entrou em vigor em janeiro de 2013, com vigência até dezembro de 2017 e, de acordo com o art. 1º do Decreto n. 7.819/2012, tem como objetivo apoiar o desenvolvimento tecnológico, a inovação, a segurança, a proteção ao meio ambiente, a eficiência energética e a qualidade

[199] Regulamentada por BRASIL. Decreto n. 7.716, de 3 de abril de 2012. Regulamenta a Medida Provisória n. 563, de 3 de abril de 2012, na parte em que dispõe sobre regime especial de crédito do Imposto sobre Produtos Industrializados (IPI) a que fazem jus as empresas fabricantes de produtos classificados nos códigos 87.01 a 87.06 da Tabela de Incidência do Imposto sobre Produtos Industrializados (TIPI). *Diário Oficial da União*, Poder Executivo, Brasília, DF, 4 abr. 2012. Disponível em: http://www.planalto.gov.br/ccivil_03/_ato2011-2014/2012/decreto/d7716.htm. Acesso em: 1 out. 2017.

[200] Regulamentada por BRASIL. Decreto n. 7.819, de 3 de outubro de 2012. Regulamenta os arts. 40 a 44 da Lei n. 12.715, de 17 de setembro de 2012, que dispõe sobre o Programa de Incentivo à Inovação Tecnológica e Adensamento da Cadeia Produtiva de Veículos Automotores (Inovar-Auto), e os arts. 5º e 6º da Lei n. 12.546, de 14 de dezembro de 2011, que dispõe sobre redução do Imposto sobre Produtos Industrializados, na hipótese que especifica. *Diário Oficial da União*, Poder Executivo, Brasília, DF, 3 out. 2012. Disponível em: planalto.gov.br/ccivil_03/_ato2011-2014/2012/decreto/d7819.htm. Acesso em: 1 out. 2017.

dos veículos e das autopeças. De acordo com as informações divulgadas pela Anfavea (Trevizani e Faria, 2014), em 2013, "o regime automotivo Inovar-Auto, é um método de longo prazo que possui por finalidade, a atração de investimentos e incentivos à inovação no setor automobilístico nacional", além da manutenção e da expansão do setor. Como ensina Silva (2016, p. 213):

> O Inovar-Auto tem como beneficiários três contribuintes do IPI, quais sejam, os que produzem veículos no Brasil; os que não produzem, mas importam e comercializam veículos no mercado interno; e os contribuintes que tenham projeto de investimento aprovado para instalação ou ampliação, no Brasil, de fábrica daqueles veículos.
>
> Os benefícios tributários do Inovar-Auto consistem em crédito presumido do IPI na fabricação e na importação de automóveis, bem como na redução da alíquota ou suspensão do IPI na importação de veículos, desde que os beneficiários previamente se habilitem no MDIC, sendo a habilitação concedida pelo prazo de doze meses, renovável até 31.12.2017, prazo final de vigência do Programa.

O Decreto n. 7.819/2012, já mencionado, elenca as condições para a habilitação por parte dos interessados, em cada um dos cenários possíveis, que não são objeto de análise detalhada nesta obra (BRASIL, 2012a). O Quadro 2 ilustra, de modo não exaustivo, os benefícios e os requisitos para a correspondente fruição no âmbito do Programa Inovar-Auto, além de algumas das diferenças existentes com relação ao Regime Automotivo.

Quadro 2 – Algumas divergências existentes entre o Regime Automotivo e o Inovar-Auto no que tange aos benefícios e às contrapartidas.

Natureza	Regime Automotivo	Inovar-Auto
Benefício	Redução das alíquotas do IPI em pontos percentuais de acordo com o NCM do Produto	Crédito Presumido de IPI em pontos percentuais sobre as aquisições de insumos estratégicos, ferramentaria e dispêndios em pesquisa, desenvolvimento tecnológico, inovação tecnológica, recolhimentos ao FNDCT, capacitação de fornecedores, engenharia e tecnologia industrial básica
Conteúdo Regional	65%	–
Processos locais (atividades fabris e de infraestrutura de engenharia)	6 atividades	6 (2013), 7 (2014, 2015), 8 (2016, 2017) de 12 atividades para veículos leves; 8 (2013), 9 (2014, 2015), 10 (2016, 2017) de 14 atividades para veículos pesados; 5 (2013), 6 (2014, 2015), 7 (2016, 2017) de 11 atividades para produção de motor
Investimentos em pesquisa e desenvolvimento	0,5 da receita bruta total ajustada de vendas	0,15% (2013), 0,30% (2014), 0,50% (2015 a 2017) da receita bruta total de vendas
Investimento em Engenharia e Tecnologia	–	0,50% (2013), 0,75% (2014), 1,00% (2015 a 2017) da receita bruta total de vendas
Etiquetagem	–	36% (2013), 49% (2014), 64% (2015), 81% (2016) e 100% (2017) da adequação da produção de bens

Fonte: Leão e Goulart (2012).

O Programa é complexo e cada natureza de atividade listada acima é detalhada em trechos específicos da legislação do Inovar-Auto, que, para tanto, utiliza-se de conceitos contábeis, financeiros, tributários, econômicos e de engenharia.

As condições para a fruição do crédito presumido do IPI[201] variam em função dos agentes econômicos envolvidos e respectivas atividades: (i) produção de veículos no Brasil; (ii) não produção de veículos no Brasil, com importação e comercialização de veículos no mercado interno; e (iii) investimento aprovado para instalação ou ampliação, no Brasil, de fábrica dos veículos que estão sendo importados. Além disso, há que se considerar a quota com a quantidade máxima (4.800 unidades) para a importação de veículos sem acréscimo do IPI.

6.3.2. Apontamentos

Como antes mencionado, a partir do Novo Regime Automotivo, o Governo Federal entendeu que era o momento de promover modificações estruturais no setor automotivo, como forma de aumentar o nível de competitividade da indústria nacional em relação aos competidores estrangeiros. Além disso, naquele momento, a intenção foi a de reestimular esse setor, que de algum tempo vinha sofrendo os reflexos de crises econômicas, além de ter de enfrentar os próprios desafios existentes no mercado nacional.

A exemplo do Novo Regime Automotivo, os benefícios[202] presentes no Inovar-Auto são onerosos, ou seja, com necessidade de contraprestação por parte dos beneficiados. Nesse particular, a leitura do Programa demonstra que boa parte dessas contraprestações se volta à realização de pesquisa e de desenvolvimento, além da necessidade de melhorias nos processos de engenharia que acabaram por modernizar os parques fabris, contribuindo para a melhora da qualidade dos produtos (veículos), aumento de eficiência e maior nível de competitividade do setor automotivo. Como reflexo reverso, a qualificação da mão de obra é outro ponto a ser considerado.

Outro ponto a ser notado é que, diferentemente do que ocorria até o Novo Regime Automotivo, o legislador atentou para outros agentes da

[201] De trintas pontos percentuais.

[202] É interessante destacar o ponto abordado por Roberto da Cunha, em sua dissertação intitulada *Avaliação dos aspectos tributários do Inovar-Auto*, de que: "Os benefícios do Inovar-Auto não excluem e são cumulativos com incentivos regionais e à inovação previstos nos artigos 11-A e 11-B da Lei n. 9.440, de 14 de março de 1997, no artigo 1º da Lei 9.826, de 23 de agosto de 1999 e o regime especial de tributação previsto no artigo 56 da Medida Provisória n. 2.158-35, de 24 de agosto de 2001". CUNHA, Roberto da. *Avaliação dos aspectos tributários do Inovar-Auto*: programa de incentivo a indústria automotiva. 2017. 127 f. Dissertação (Mestrado Profissional em Direito Tributário) – Escola de Direito de São Paulo da Fundação Getulio Vargas, São Paulo, 2017, p. 28.

cadeia que poderiam ser beneficiados a partir do Inovar-Auto. Foi assim que, no bojo das exigências para a fruição do crédito presumido[203] do IPI previsto no Programa, a qualificação de fornecedores foi um ponto interessante e bastante debatido, como demonstrado a seguir por Nunes, Costa e Clós (2016, p. 256):

> A qualificação dos fornecedores, exigência de processos manufatureiros executados localmente e conteúdo de peças nacionais, exercerão o maior impacto na indústria. Tais exigências demandaram a revisão de planos de construção de fábricas locais no caso de novas entrantes e não deixou as empresas que já estavam aqui estabelecidas livres de realizar investimentos, uma vez que muitas importações estão precisando ser substituídas por importações nacionais.
>
> **Alguns dos novos entrantes, pela exigência de conteúdo, produção local e capacitação de fornecedores, devem acabar por modernizar a indústria ao produzirem veículos de segmentos superiores que não eram produzidos aqui anteriormente.**
>
> **A coordenadora executiva do Setor Automotivo afirma que a capacitação dos fornecedores é bem-vista tanto pela indústria quanto pelo governo, mas que ela gera preocupação para o último, especificamente em relação a fornecedores da indústria que são menos importantes para as montadoras e também possuem um porte menor**. (grifo nosso)

A preocupação manifestada pela coordenadora executiva do setor automotivo é pertinente e, de fato, parte de uma realidade onde não somente as montadoras, mas também as empresas necessitam fazer escolhas, já que os recursos, inclusive humanos, são limitados. Uma alternativa a ser avaliada é a implantação de um programa de capacitação voltado a pequenos e médios fornecedores, com requisitos simplificados que viabilizassem, com menor tempo, mas com igual qualidade, a capacitação daquele fornecedor, mesmo que com um escopo mais limitado.[204]

[203] Esta obra não se presta a detalhar os mecanismos de crédito presumido de IPI previstos no Programa, tampouco outras situações porventura existentes (*e.g.*, tratamento do IPI *vis-à-vis* as quotas de importação de veículos, nas situações aplicáveis).

[204] De forma exemplificativa ao que propomos, uma alternativa seria a instituição de um programa de capacitação conjunto, em que fornecedores de pequeno e médio porte fossem capacitados de uma só vez e de forma simplificada.

Sob outra perspectiva, é interessante destacar que os benefícios tributários concedidos no âmbito do Programa Inovar-Auto têm sido objeto de questionamento por parte da OMC. Mais especificamente, o que está sendo objeto de discussão é a compatibilidade das desonerações concedidas no âmbito do Inovar-Auto com a interpretação jurisprudencial da OMC, referente aos princípios do tratamento nacional e da nação mais favorecida. Tal matéria é, atualmente, objeto de painéis, propostos pela União Europeia (UE) e pelo Japão, contra o Brasil, perante o Órgão de Soluções de Controvérsias (OSC) daquela organização (Silva, 2016, p. 211).

Ainda, *vide* Gráfico 2, com a evolução do volume de vendas por segmento, no período de 2008 até 2016.

Gráfico 2 – Demonstração da evolução da curva da venda de veículo por segmento entreos anos de 2012 e 2016.

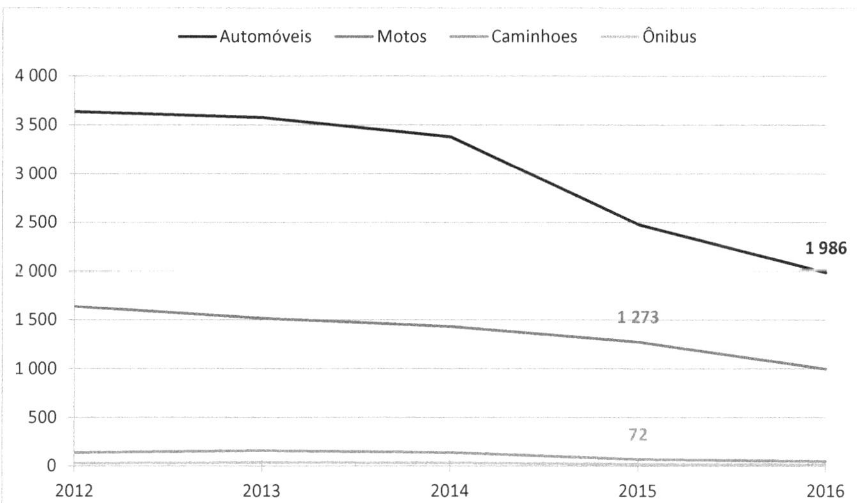

Fonte: Próprio autor, baseado em Fenabrave (2016, p. 88).

Como se verifica no Gráfico 2, o Inovar-Auto, por si só, não foi suficiente para manter o volume de venda de veículos no transcorrer do tempo, que apresentou queda acentuada. Especificamente para os automóveis, a Fenabrave credita o cenário de retratação de vendas dos últimos cinco anos à queda do PIB, ao desemprego em nível recorde e a maior restrição de crédito (Fenabrave, 2016, p. 88).

Verifica-se, assim, que os incentivos governamentais concedidos no âmbito do Programa não foram suficientes para manter a expectativa de manutenção ou expansão do setor, a partir do aumento das vendas.

É claro que, como observado, outros aspectos contribuíram para a formação desse resultado. Não obstante, considerando que um dos propósitos para a criação do Inovar-Auto foi o de "criar condições para o aumento de competitividade do setor automotivo",[205] os resultados antes demonstrados conduzem ao entendimento de que esse objetivo pode não ter sido alcançado, na medida em que durante o período analisado o setor experimentou uma forte retração, com perda de competitividade.

Em abril de 2017, a consultoria Roland Berger e a publicação *Automotive Business*[206] divulgaram a quarta edição da pesquisa denominada "Cenários para a Indústria Automotiva Brasileira", com a participação de 450 profissionais das diversas etapas da cadeia de valor do setor automotivo. De acordo com a pesquisa, na visão dos respondentes, "o sucesso Inovar-Auto foi parcial e o fortalecimento da cadeia deveria estar nas futuras regulações". Além disso, 91% dos respondentes entendem que "os incentivos governamentais para estimular a competitividade da cadeia de suprimentos são insuficientes" (Berger, 2017, p.10).[207]

Como é possível constatar, se, por um lado, o Inovar-Auto tem contribuído para o desenvolvimento de atividades de engenharia, infraestrutura e de inovação tecnológica no país, além de atingir distintos agentes econômicos pertencentes a cadeia de valor do setor automotivo (por exemplo, pela capacitação de fornecedores), por outro lado ele parece não ter

[205] De acordo com o sítio do Ministério da Indústria, Comércio Exterior e Serviços (2017), o Programa Inovar-Auto tem como objetivo "a criação de condições para o aumento de competitividade no setor automotivo, produzir veículos mais econômicos e seguros, investir na cadeia de fornecedores, em engenharia, tecnologia industrial básica, pesquisa e desenvolvimento e capacitação de fornecedores". Segundo a mesma fonte, outros objetivos do Programa estão circunscritos ao "estímulo à concorrência e a busca de ganhos sistêmicos de eficiência e aumento de produtividade da cadeia automotiva, das etapas de fabricação até a rede de serviços tecnológicos e de comercialização".

[206] Publicação especializada na indústria automotiva e segmentos relacionados, com produtos editoriais, digitais ou impressos. BERGER, Roland. *Cenários para a indústria automobilística brasileira*. 4. ed. São Paulo: Automotive Business, 2017. Disponível em: http://www.automotivebusiness.com.br/abinteligencia/pdf/RolandBerger_AutomotiveBusinessCenariosIndustriaAutomobilisticaBrasileira.pdf. Acesso em: 15 out. 2017.

[207] Ibid.

contribuído, como poderia, no objetivo de aumentar a competitividade (e atratividade do setor).

Em abril de 2017, o Governo Federal lançou o projeto de dois novos programas de política fiscal para substituir o Inovar-Auto, a partir de 2018 – o "Novo Ciclo da Política Automotiva" e o "Programa Rota 2030"; este último, introduzido pelo Governo Federal ao longo de 2018.

Espera-se que, de fato, eles possam se mostrar instrumento efetivo de política fiscal, atingindo toda a cadeia de valor do setor e aumentando o nível de competitividade do setor automotivo, seja em relação às importações, seja em relação ao incremento de venda do próprio mercado interno.

6.3.3. A Desoneração Automotiva do Terceiro Ciclo e a Visão do TCU

Como já visto no primeiro e no segundo ciclos, a desoneração automotiva tem sido objeto de constante acompanhamento, por parte do TCU. Um dos pontos que mais tem sido levantado pelo órgão é a necessidade, por parte do Governo Federal, de elaboração de estudos que possam aferir o nível de efetividade das desonerações concedidas pelo poder público, sob as mais diversas perspectivas. Vejamos.

No voto do Ministro Relator Raimundo Carreiro, no acórdão n. 713/2014,[208] é colocada, de forma expressa, a determinação de que o Ministério da Fazenda promova estudo técnico para avaliar os resultados obtidos com as desonerações do Imposto de Renda (IR) e IPI em vigor, com vistas à transparência e eficiência das ações governamentais.

Em linha, o Ministro Augusto Sherman Cavalcanti, no acórdão 3.695/2013-TCU, ao analisar diversos programas de desoneração tributária, entre eles o Inovar-Auto, apontou eventos de risco ao longo das etapas de concessão, acompanhamento e fiscalização dos mecanismos de renúncia tributária. Podem ser citadas como exemplo a deficiência nas fiscalizações dos projetos executados pelas empresas, a comprovação das obrigações acessórias baseadas apenas em autodeclarações, a dificuldade em estruturar sistemas informatizados de suporte às atividades de controle.

Em seu voto, o eminente Ministro (Wiziack e Carneiro, 2016) foi além, na medida em que:

[208] TRIBUNAL DE CONTAS DA UNIÃO. *TC 020.911/2013-0. Grupo I – Classe VII – Plenário.* Disponível em: http://www.mpc.es.gov.br/wp-content/uploads/2014/07/Acordao-TCU-713-2014-Plenario.pdf. Acesso em: 20 out. 2017.

> Recomendou-se às secretarias executivas do MCTI e MDIC: i) formular planejamento estratégico para as políticas públicas de renúncia tributária; ii) assegurar a convergência das ações dos ministérios aos objetivos, metas, indicadores e resultados definidos para cada uma das políticas;
>
> Propôs-se, à Casa Civil da Presidência da República: i) monitorar e avaliar o impacto, desses mecanismos de renúncia fiscal no mercado, notadamente em relação aos investimentos de P&D realizados a título de contrapartida; ii) adotar providências com vistas a tratar cada um dos riscos identificados para assegurar o alcance dos objetivos das políticas públicas. (TRIBUNAL DE CONTAS DA UNIÃO. *Gestão de políticas públicas de renúncia tributária do MCTI e MDIC*, [s/d.])
>
> **Como se pode inferir, à vista do TCU, o Inovar-Auto, concedido ao setor Automotivo no âmbito do PBM, carece de instrumentos de controle e transparência, seja sob a perspectiva de efetividade para o Particular e para o Poder Público, seja no processo de auditoria e acompanhamento quanto ao cumprimento dos seus requisitos objetivos. Esses aspectos estão em linha com recente publicação do periódico *Folha de São Paulo*, aonde é colocado que avalia os efeitos de "programas de isenção fiscal". De acordo com a publicação, os técnicos do TCU concluíram que não é possível avaliar se os incentivos concedidos ajudaram na política industrial** [...]. (Wiziack e Carneiro, 2016, p. 1, grifo nosso)

Com base nas conclusões do TCU, verifica-se que há um longo caminho a ser percorrido por parte do Governo Federal do ponto de vista da implantação de processos e de controles que possibilitem a visualização, por parte dos contribuintes e do próprio poder público, dos efetivos reflexos das normas indutoras, como foi o caso do Inovar-Auto. Como se depreende, não é possível avaliar se o Programa, de fato e de direito, havia atingido, até aquele momento, os objetivos almejados pelo poder público e, de alguma forma, esperado pelos particulares.

Uma reflexão a ser feita é se o Governo Federal não deveria se inspirar em algumas das melhores práticas de governança das empresas ou mesmo em práticas internacionais bem-sucedidas para desenvolver processos e controles que contribuam para a melhoria da gestão responsável de programas de renúncia de receita, como é o caso do Inovar-Auto. Nesse contexto, por certo, a realização de auditorias periódicas e a tomada de ações a partir dos seus respectivos resultados pode contribuir positivamente para o processo.

Foi nesse contexto que o MDIC acertou ao editar a Portaria MDIC nº 133, de 6 de março de 2017, subsequentemente alterada pela Portaria MDIC nº 138, de 9 de agosto de 2017, estabelecendo critérios para cadastramento de auditores independentes e um programa ("manual") de procedimentos a ser por eles cumprido.

6.4. Apontamentos da Desoneração do IPI no Setor Automotivo em Relação a Meio Ambiente, Mobilidade Urbana e Manutenção dos Postos de Trabalho

6.4.1. Impactos Ambientais

O aumento da quantidade de automóveis nas ruas gera, de maneira proporcional, o aumento de gases poluentes na atmosfera. Diante dessa realidade, não se poderia deixar de fazer menção, mesmo que brevemente, quanto aos impactos que repercutem em outras searas da sociedade diante da medida governamental de redução das alíquotas de IPI.

Mesmo que o incentivo central estivesse voltado a veículos que possuíssem motor de mil cilindradas, esse fato não significa, necessariamente, menor emissão de gases poluentes na atmosfera.[209] As medidas estatais de incentivo de consumo de veículos automotores poderiam ter vindo acompanhadas de mais políticas públicas eficientes que promovessem uma proteção ampla ao meio ambiente (apesar de as metas de eficiência energética terem representado um avanço importante nesse sentido, com resultados bastante efetivos) ou ao desenvolvimento das cidades, diante do crescimento no número de veículos.

É importante destacar, também, que não houve redução da alíquota de IPI para os veículos híbridos e elétricos. Assim, percebe-se que não houve um incentivo da União para o desenvolvimento e a pesquisa nesse setor, tampouco estímulo à produção e consumo desses veículos, que, em tese, representam modelos menos agressivos ao meio. Em relação ao Inovar-Auto, por exemplo, uma das críticas levantadas ao Programa foi o fato de os veículos elétricos[210] terem sido completamente ignorados, diante da existência de lacunas regulatórias (CUNHA, 2017, p. 104).

[209] Por exemplo, o Ford Fiesta, com motor 1.0, emite 182 gramas de gás carbônico por quilômetro rodado, em conformidade com o relatório do Instituto Brasileiro de Meio Ambiente e dos Recursos Naturais de 2013, comparando-se com o Honda Fit, com motor 1.5, que emite 154 gramas de gás carbônico (CO_2) por quilômetro rodado. XAVIER, *op. cit.*, p. 62.

[210] Os carros elétricos possuem, atualmente, a alíquota de IPI fixada em 25%, não tendo sido objeto de incentivo à produção e ao consumo pelo Estado, nas medidas destacadas nesta

Destaca-se ainda que o maior incentivo para o consumo do motor *flex fuel* não representa a predominância da utilização do etanol sobre a gasolina. Inclusive, é possível verificar a queda do consumo do etanol e o aumento do de gasolina, a partir de 2009.[211] A crise de 2008 teve grandes impactos sobre os produtores de cana-de-açúcar, a escassez de investimentos no setor foi um dos motivos que acarretou que a produção do etanol não acompanhasse a demanda do mercado,[212] refletindo no aumento dos preços desse combustível (Xavier, 2014, p. 64).

6.4.2. Mobilidade Urbana

A redução das alíquotas de IPI, estimulando a população a adquirir veículos individuais, também tem reflexos na mobilidade urbana.

A cidade de São Paulo, por exemplo, está na lista dos cinco maiores congestionamentos já ocorridos na história, tendo atingido a marca, em 23 de maio de 2014, de cerca de 344 quilômetros de vias congestionadas, de forma simultânea, por toda a cidade (Corcobado, 2017). Ressalta-se que essa realidade não atinge apenas São Paulo, visto que a cidade do Rio de Janeiro está entre as 10 grandes cidades mais congestionadas do mundo (GLOBO.COM, 2017). Em 2012, Belo Horizonte teve, proporcionalmente, o pior trânsito entre as capitais brasileiras monitoradas (Parreiras, 2012).

A concessão de incentivos para o aumento do número de veículos individuais nas ruas, sem o desenvolvimento de estrutura viária que comportasse esse aumento, contribuiu para o agravamento dos quadros de mobilidade urbana.

obra (até outubro de 2017). Ressalta-se inclusive que, conforme Roberto da Cunha aborda em sua dissertação (Cunha, 2017, p. 102), a tributação federal de IPI e PIS e Cofins deveria incentivar, de modo progressivo, a adoção de formas de energia limpa de transporte, estando em linha com a dedução de impostos estaduais (como IPVA e ICMS), buscando o maior uso de carros elétricos, por exemplo.

[211] Conforme dados da Agência Nacional do Petróleo, Gás Natural e Bicombustíveis (ANP), no ano de 2011, por exemplo, enquanto o consumo de gasolina teve crescimento de 18,9%, o consumo de biocombustível sofreu decréscimo de 27,7%.

[212] Na Safra dos anos 2008/2009 foram produzidos 18.190.000 m^3 de álcool hidratado; já nos anos de 2012/2013 a produção foi de 13.382.000 m^3, o que representa um decréscimo de percentual superior a 26% – de acordo com dados disponibilizados, no ano de 2013, pela União da Indústria de cana-de-açúcar. ÚNICA. União da Indústria da Cana de Açúcar. **Produção**: consulta. [2017]. Disponível em: http://www.unicadata.com.br/historico-de-producao-e--moagem.php?idMn=31&tipoHistorico=2. Acesso em: 2 out. 2017.

Ressalta-se, também, que o incentivo, por parte do poder público, ao crescimento do número de automóveis individuais não veio acompanhado de outras medidas para que as questões ligadas à mobilidade urbana não se agravassem. Não houve investimentos em educação para a mobilidade, tampouco em outras opções de locomoção urbana, como o transporte público.

Entre as medidas que podem atenuar os desafios enfrentados por algumas das capitais brasileiras com intensa circulação de veículos é a introdução de um mecanismo de pedágio urbano,[213] como já verificado em algumas cidades do mundo.[214] A título exemplificativo, outra medida que pode ser estudada[215] é a da redução da alíquota de IPI para veículos com circulação restrita para dias pares ou ímpares, com a prescrição de que o eventual descumprimento no dia do uso do veículo pode acarretar, em um primeiro momento, a imposição de multa punitiva, podendo chegar até a necessidade do pagamento de todo o valor da redução do tributo no momento da venda, com as atualizações cabíveis. A fiscalização pode se dar a partir do uso de tecnologia e da necessidade de emplacamento diferenciado, entre outros.

Apesar do caráter supostamente não tributário, o fechamento de partes dos centros urbanos à circulação de veículos[216] pode ser uma medida de mobilidade urbana interessante a ser avaliada pelo poder público.

Por fim, uma iniciativa de mobilidade urbana interessante foi dada pela Prefeitura de Milão, pela qual o cidadão que não circular com veículos nos centros da cidade receberá "um vale" no valor de um bilhete de ônibus ou trem (ITGREEN, 2017).

6.4.3. Manutenção dos Postos de Trabalho

Um dos objetivos para a redução do IPI para o setor automobilístico era a conservação dos postos de trabalho, sendo que essa redução foi comemo-

[213] Apesar de eventual discussão existente acerca da sua natureza jurídica (taxa/tarifa), cuja análise não foi objeto desta obra.

[214] A exemplo da cidade de Londres, desde 2003. DECICINO, Ronaldo. Pedágio urbano: recurso já é usado em várias cidades do mundo. *Uol Educação*, 16 out. 2009. Disponível em: https://educacao.uol.com.br/disciplinas/geografia/pedagio-urbano-recurso-ja-e-usado-em-varias-cidades-do-mundo.htm. Acesso em: 10 set. 2017.

[215] A factibilidade dessa medida pressupõe um estudo prévio quanto à observância dos princípios constitucionais envolvidos, a exemplo da isonomia. Não é objeto desta obra o seu correspondente aprofundamento.

[216] A exemplo das cidades de Londres, Madri, Paris. NÔMADES DIGITAIS. **7 cidades pelo mundo que estão se livrando dos carros**. [2015?]. Disponível em: http://nomadesdigitais.com/7-cidades-pelo-mundo-que-estao-se-livrando-dos-carros/. Acesso em: 10 set. 2017.

rada por muitos como forma de manter os postos de trabalho em um contexto no qual se vislumbrava a possibilidade de demissão de um enorme número de trabalhadores. Entretanto, o poder público não exigiu o cumprimento dessa contrapartida, para a concessão do benefício, ou seja, que as empresas mantivessem os empregos existentes (Xavier, 2014, p. 75).

De acordo com estudo elaborado acerca da evolução recente do setor automotivo, pela Consultoria Legislativa da Câmara dos Deputados, houve um crescimento na quantidade de postos de trabalho do setor a partir de 2008, com uma máxima no ano de 2013, equivalente a 135.543 empregos diretos. Todavia, esse patamar não se manteve a partir do ano de 2014, a partir do qual a quantidade de pessoas empregadas pelo setor tem sofrido um declínio representativo, com uma redução em 2016 de aproximadamente 17% em relação ao ano de 2013 (Lima, 2016).

Para garantir que esse objetivo fosse alcançado, o Governo brasileiro poderia ter se valido da intervenção setorial (como a que foi realizada) conjuntamente com a contratual (Xavier, 2014, p. 75).

Independentemente disso, nas situações aplicáveis, o nível de manutenção de emprego é um importante critério a ser considerado em programas de desoneração e, igualmente, um relevante indicador de desempenho quanto ao cumprimento dos objetivos extrafiscais, que subsidiaram a edição da respectiva norma.

CONCLUSÃO

A extrafiscalidade, que não é fenômeno novo no Direito Tributário, opera no âmbito da recomendação, ao encorajar ou desencorajar comportamentos, para preservar valores constitucionais e fazer frente às necessidades e objetivos econômicos ou sociais que estão por de trás da norma indutora.

A tentativa de induzir comportamentos é proposital, uma vez que o ente tributante, ao atuar na esfera extrafiscal, faz isso com motivações específicas. Para tanto, devem ser observados os princípios constitucionais e as correspondentes limitações ao poder de tributar.

Do ponto de vista prático, a extrafiscalidade é um fenômeno multifacetado, na medida em que, em diferentes momentos, figura como princípio, norma, finalidade, controle e resultado.

Sob a perspectiva do resultado, a extrafiscalidade somente deveria ser reputada plena pelo alcance dos objetivos extrafiscais da norma indutora, ou seja, pela confirmação da resposta do particular aos propósitos almejados a partir da edição da norma tributária preponderantemente extrafiscal.

Entretanto, nem sempre é possível prever com precisão se as reações aos estímulos ou desestímulos da norma indutora surtem os reflexos esperados, já que a reação do particular a ela materializa-se no mundo das probabilidades.

Com o intuito de tentar aferir, do ponto de vista prático, o nível de efetividade da norma preponderantemente extrafiscal, foram desenvolvidos, no âmbito da presente pesquisa, critérios objetivos a partir dos quais as nossas análises foram baseadas. Esses critérios foram contrapostos aos programas de desoneração tributária, concedidos pelo Poder Público ao setor automotivo, entre o período de 2008 até outubro de 2017, cujos resultados foram detalhados no presente estudo.

Como se pôde depreender ao longo da pesquisa, nem sempre foi possível identificar, com a devida precisão, se os objetivos das normas preponderantemente extrafiscais, sobre os quais os programas de desonerações ao setor automotivo foram concedidos, atingiram a todos os objetivos almejados, em função da dificuldade em se identificar dados oficiais que pudessem subsidiar esse entendimento, que se encontra em linha com a posição do TCU mencionada[217] (carência de instrumentos de controle e transparência, na perspectiva de efetividade).

A escassez de estudos sistematizados com os efetivos reflexos das desonerações concedidas ao setor automotivo em âmbito econômico e social prejudicou a capacidade de compreensão e análise do fenômeno extrafiscal, ora objeto de estudo, em sua plenitude. Não obstante, deve-se levar em conta que estudos nesse sentido podem ter sido produzidos em data posterior à conclusão da presente pesquisa, uma vez que o seu recorte se deu em outubro de 2017.

Admitem-se, contudo, a partir dos dados coletados durante a pesquisa, os aperfeiçoamentos promovidos pelo Novo Regime Automotivo e pelo Inovar-Auto, sob a perspectiva das contrapartidas exigidas pelo Poder Público aos contribuintes, nos parques tecnológicos, de infraestrutura, e de pesquisa e de desenvolvimento do Brasil, além da atração de investimentos estrangeiros.

Com o objetivo de contribuir para o aperfeiçoamento das políticas tributárias brasileiras no espectro da extrafiscalidade, propõem-se recomendações ao Poder Público e ao particular.

As recomendações ao Poder Público perpassam pela necessidade de melhor evidenciação dos objetivos da norma indutora e pela elaboração de estudos prévios à edição da norma que sejam colocados em audiência pública (em fóruns específicos), para escrutínio a partir da troca de experiências entre o Poder Público e o particular.

Além disso, recomenda-se que o Poder Público implante processos que possibilitem o constante monitoramento dos reflexos decorrentes das normas indutoras nas searas econômica e social, de tal sorte a possibilitar, nas situações aplicáveis, um poder de reação célere por parte do Estado

[217] Vide item 6.3.3 da presente pesquisa.

na correção de rumos[218] e, em última análise, na perseguição dos objetivos extrafiscais pretendidos.

Sugere-se, ainda, que os resultados desses trabalhos sejam armazenados e colocados à disposição do particular, em sítios próprios, para consulta e debate, como um processo natural de prestação de contas que deve ocorrer entre o setor público e o particular e que, sem sombra de dúvida, pode contribuir para uma melhor gestão responsável da coisa pública.

Para o particular, a recomendação é no sentido de que temas tributários relevantes continuem a ser discutidos em âmbito de associações e entidades de classe e que, observada a lei, o Poder Público seja provocado a discutir assuntos de interesse e/ou de grande repercussão aos contribuintes e que gerem impactos econômicos e sociais importantes.

Essa agenda pode considerar temas estruturais do setor, a exemplo do entendimento e discussão do impacto da tributação na cadeia de valor, dos fatores tributários que influenciam na perda de competitividade da indústria automobilística nacional em comparação a outros países, e da necessidade constante de discussão de políticas de fomento ao desenvolvimento de tecnologia nacional, para diminuir a dependência junto ao mercado externo. Esse processo, não deve ser estático, mas dinâmico, e sempre pautado por estudos técnicos que forneçam aos contribuintes e/ou aos seus representes os subsídios necessários a essas discussões.

Ainda, não pode se deixar de lado temas que perpassam o setor automotivo e que são relevantes para o Brasil, como é o caso da mobilidade urbana nos grandes centros e os reflexos econômicos decorrentes da sua ineficiência. O desafio é avaliar a capacidade de absorção de trânsito de veículos em cidades que porventura estejam saturadas e, a partir daí, discutir medidas de contenção que estejam albergadas constitucionalmente e que não firam, por exemplo, preceitos fiscais, como o da isonomia, caso alguma dessas medidas (também) tenha um viés tributário.

Alguns exemplos a serem estudados são a adoção de práticas para desestimular a intensa circulação de veículos, como a cobrança de pedágio urbano ou mesmo a restrição da circulação de veículos em regiões centrais, como já acontece em algumas cidades do mundo.

218 Observada a lei.

Incentivos tributários que estimulem a menor utilização de veículos[219] (por exemplo, alíquotas reduzidas de IPI para veículos cuja circulação seja restrita a dias pares ou ímpares) também podem ser avaliados. Necessário enfatizar que essas medidas devem vir combinadas com melhorias em infraestrutura urbana e transporte coletivo.

Sob a perspectiva do meio ambiente, pode ser destacada a redução a tributação para veículos elétricos e menos poluidores (e.g. híbridos), que já tem sido objeto de estudo e debate por parte do Governo, mas que à época da presente pesquisa ainda não havia sido totalmente implementada.

Por fim, como antes observado, a extrafiscalidade ainda tem sido pouco estudada no Brasil, principalmente em relação ao seu viés prático; mais especificamente, em relação ao efetivo atingimento dos objetivos da norma indutora.

A compreensão dos fenômenos oriundos da norma indutora requer a integração do Direito com outras ciências, razão pela qual se pode caracterizar o fenômeno decorrente da extrafiscalidade como multidisciplinar.

Nesse contexto, ainda há muito que se evoluir no estudo da extrafiscalidade, instituto esse que poderá contribuir de forma relevante para uma compreensão mais ampla da fenomenologia tributária, a partir da integração do Direito com outras ciências.

[219] Superadas as discussões jurídico-tributárias porventura aplicáveis.

REFERÊNCIAS

ABRUCIO, Luiz Fernando; LOUREIRO, Maria Rita. Finanças públicas, democracia e *accountability*. *In*: BIDERMAN, Ciro; AVARTE, Paulo (coord.). *Economia do setor público no Brasil*. São Paulo: Campus, 2005.

ADAMY, Pedro. Instrumentalização do direito tributário. *In*: ÁVILA, Humberto (org.). *Fundamentos do direito tributário*. São Paulo: Marcial Pons, 2012.

AGÊNCIA NACIONAL DE TELECOMUNICAÇÕES. Setor Regulado. *Perguntas frequentes*: O que é o Fust? [2017]. Disponível em: http://www.anatel.gov.br/setorregulado/perguntas-frequentes?catid=9. Acesso em: 22 out. 2017.

ALVARENGA, Gustavo Varela; ALVES, Patrick Franco; SANTOS, Carolina Fernandes dos. *et al.* Políticas anticíclicas na indústria automobilística: uma análise de cointegração dos impactos da redução do IPI sobre as vendas de veículo. *Textos para Discussão 1512*. Rio de Janeiro: Ipea, 2010, p. 10. Disponível em: Acesso em: 24 set. 2017.

ALVES, Laís Sienna; WILBERT, Marcelo Driemeyer. Redução do imposto sobre produto industrializado e a venda de automóveis. CONGRESSO USP DE INICIAÇÃO CIENTÍFICA EM CONTABILIDADE, 11., 2014. São Paulo-SP. *Anais eletrônico...* São Paulo: USP. Disponível em: https://congressousp.fipecafi.org/anais/artigos142014/265.pdf. Acesso em: 30 set. 2017.

AMARO, Luciano. *Direito tributário brasileiro*. 15. ed. São Paulo: Saraiva, 2009.

AMORIM, Daniela; NEDER, Vinícius. Fatia da indústria automobilística no PIB cresce 45,6% em 11 anos. *O Estado de São Paulo*, São Paulo, 5 maio 2013. Disponível em: http://economia.estadao.com.br/noticias/geral,fatia-da-industria-automobilistica-no-pib-cresce-45-6-em-11-anos,152758e. Acesso em: 22 out. 2017.

ANDERSON, Patricia. Câmaras setoriais: histórico e acordos firmados – 1991/1995. *Texto para Discussão n. 667*. Rio de Janeiro: Ipea, 1999. Disponível em: http://www.ipea.gov.br/agencia/images/stories/PDFs/TDs/td_0667.pdf. Acesso em: 10 out. 2017.

ANFAVEA. Competitividade do setor automobilístico brasileiro. *In*: *SlideShare*, 6 jul. 2011. Disponível em: https://webcache.googleusercontent.com/search?q=cache:ENeGfCDSF4oJ:https://pt.slideshare.net/jc.gutierrez/anfavea-

-290611+&cd=1&hl=es&ct=clnk&gl=br. Acesso em: 1 out. 2017.

ARVATE, Paulo Roberto. *Economia do setor público no Brasil*. Rio de Janeiro: Elsevier, 2004.

ATALIBA, Geraldo. Regime constitucional da parafiscalidade. *Revista de Direito Administrativo*, São Paulo, v. 86, p. 16-33, 1966. Disponível em: http://bibliotecadigital.fgv.br/ojs/index.php/rda/article/view/29113/27963. Acesso em 21 out. 2017.

ATALIBA, Geraldo. *Sistema constitucional tributário brasileiro*. São Paulo: Revista dos Tribunais, 1968.

ATALIBA, Geraldo. *Hipótese de incidência tributária*. 6. ed. São Paulo: Malheiros, 2000.

ATALIBA, Geraldo. Sistema tributário na Constituição de 1988. *Revista de Direito Tributário*, São Paulo, v. 51, p. 141-160, jan./mar. 1990a.

ATALIBA, Geraldo. IPTU: progressividade. *Revista de Direito Público*, São Paulo, v. 23, n. 93, p. 233-238, jan./mar. 1990b.

ÁVILA, Humberto. *Teoria da igualdade tributária*. 3. ed. São Paulo: Malheiros, 2015.

ÁVILA, Humberto. *Teoria dos princípios*: da definição à aplicação dos princípios jurídicos. 17. ed. São Paulo: Malheiros, 2016.

AVI-YONAH, Reuven. Os três objetivos da tributação. Tradução de Luís Flávio Neto. *Revista de Direito Tributário Atual*, São Paulo, n. 22, p. 7-29, 2008.

AVI-YONAH, Reuven. *Sistema constitucional tributário*. 4.ed. São Paulo: Saraiva, 2010.

AVI-YONAH, Reuven. *Teoria da igualdade tributária*. 3. ed. São Paulo: Malheiros, 2015.

AVI-YONAH, Reuven. *Teoria dos princípios*: da definição à aplicação dos princípios jurídicos. 17. ed. São Paulo: Malheiros, 2016.

BALDISSERA, Carla; NOVAK, Roseli Alberti; SELENKO, Osni *et al.* Análise do ciclo operacional e financeiro: um estudo de caso em uma empresa do ramo moveleiro em São Bento do Sul-SC. *In*: CONGRESSO BRASILEIRO DE CUSTOS, 22.; 2015. Foz do Iguaçu-PR. *Anais eletrônico*... Foz do Iguaçu-PR: ABC, 2015. Disponível em: https://anaiscbc.emnuvens.com.br/anais/article/view/3985/3986. Acesso em: 30 set. 2017.

BALEEIRO, Aliomar. *Cinco aulas de finanças e políticas fiscais*. São Paulo: José Bushatsky, 1975.

BALEEIRO, Aliomar. *Limitações constitucionais ao poder de tributar*. 7. ed. Rio de Janeiro: Forense, 1999.

BALEEIRO, Aliomar. *Direito tributário brasileiro*. 11. ed. Rio de Janeiro: Forense, 2003.

BANCO CENTRAL DO BRASIL. *Relatório de estabilidade financeira*. Brasília, DF, v. 12, n. 2, set. 2013, p. 18. Disponível em: http://www.bcb.gov.br/htms/estabilidade/2013_09/refP.pdf. Acesso em: 16 out. 2017.

BANCO CENTRAL DO BRASIL. *Grupo dos vinte (G-20)*. [2017]. Disponível em: http://www.bcb.gov.br/?g20. Acesso em: 30 set. 2017.

BARRETO, Aires Fernandino. *Imunidades tributárias*: limitações constitucionais ao poder de tributar. 2. ed. São Paulo: Dialética, 2001.

BARROS, Fernanda Monteleone. *A evolução das obrigações tributárias nas Constituições brasileiras e os reflexos no atual regime tributário de energia elétrica*. 2012. 54 f. Monografia (Especialização em Direito da Regulação) – Instituto Brasiliense de Direito Público, Brasília, DF, 2012. Disponível em: http://dspace.idp.edu.br:8080/xmlui/bitstream/handle/123456789/243/Monografia_Fernanda%20Monteleone%20

Barros.pdf?sequence=1. Acesso em: 5 ago. 2017.

BARROS, Daniel Chiari; PEDRO, Luciana Silvestre. As mudanças estruturais do setor automotivo, os impactos da crise e as perspectivas para o Brasil. *In*: *BNDES Setorial*, Rio de Janeiro, n. 34, p. 173-182, 2011. Disponível em: https://web.bndes.gov.br/bib/jspui/bitstream/1408/1483/1/A%20BS%2034%20As%20mudan%C3%A7as%20estruturais%20do%20setor%20automotivo%2C%20os%20impactos%20da%20crise%20e%20as%20perspectivas%20para%20o%20Brasil_P.pdf. Acesso em: 10 set. 2017.

BARROSO, Luís Roberto. *Curso de direito constitucional contemporâneo*: os conceitos fundamentais e a construção do novo modelo. 2. ed. São Paulo: Saraiva, 2010.

BASTOS, Celso Ribeiro; MARTINS, Ives Gandra. *Comentários à Constituição do Brasil*. 2. ed. São Paulo: Saraiva, 2000. v. 7.

BECHARA, Gabriela Natacha; RODRIGUES, Horácio Vanderlei. Ditadura militar, atos institucionais e Poder Judiciário. *Justiça do Direito*, Passo Fundo, v. 29, n. 3, p. 587-605, set./dez. 2015.

BECKER, Alfredo Augusto. *Teoria geral do direito tributário*. 3. ed. São Paulo: Lejus, 1998.

BERGER, Roland. *Cenários para a indústria automobilística brasileira*. 4. ed. São Paulo: Automotive Business, 2017. Disponível em: http://www.automotivebusiness.com.br/abinteligencia/pdf/Roland-Berger_AutomotiveBusinessCenariosIndustriaAutomobilisticaBrasileira.pdf. Acesso em: 15 out. 2017.

BERGO, Cesar Augusto Moreira. *Conceitos básicos de economia*. São Paulo: ANBIMA, 2011. Disponível em: https://edisciplinas.usp.br/pluginfile.php/176537/mod_resource/content/1/conceitos%20b%C3%A1sicos.pdf . Acesso em: 27 jun. 2019.

BERTI, Flávio de Azambuja. *Impostos*: extrafiscalidade e não confisco. Curitiba: Juruá, 2009.

BEVILACQUA, Lucas. Responsabilidade fiscal e ICMS: uma perspectiva de controle. *Revista de Direito da Procuradoria-Geral de Goiás*, Goiânia, v. 25, p. 197-224, 2010a. Disponível em http://www.pge.go.gov.br/revista/index.php/revistapge/article/view/27/22. Acesso em: 26 ago. 2017.

BEVILACQUA, Lucas. *Intervenção do Estado na agricultura*: política de desenvolvimento agrário, tributação e incentivos fiscais. 2010. 128 f. Dissertação (Mestrado em Direito Agrário) – Universidade Federal de Goiás, Goiânia, 2010b.

BICALHO, Guilherme Pereira Dolabella. *Extrafiscalidade tributária*: pós-modernidade e legitimação do Estado social brasileiro. Belo Horizonte: Arraes Editores, 2014.

BIFANO, Elidie Palma. A extrafiscalidade e o aumento da carga tributária: o exercício da função extrafiscal. *In*: CONGRESSO BRASILEIRO DE DIREITO TRIBUTÁRIO ATUAL, 4; 2016. São Paulo-SP. *Anais eletrônico...* São Paulo: IBDT/AJUFE, 2016. Disponível em: http://ibdt.org.br/site/wp-content/uploads/2019/01/Anais_IV-Congresso-Brasileiro-de-Direito-Tributario-Atual_VF.pdf. Acesso em: 22 out. 2017.

BOBBIO, Norberto. *A era dos direitos*. Rio de Janeiro: Elsevier, 2004.

BOMFIM, Diego. *Extrafiscalidade*: identificação, fundamentação, limitação e controle. São Paulo: Noeses, 2015.

BORGES, José Souto Maior. *Teoria geral da isenção tributária*. 3. ed. São Paulo: Malheiros, 2011.

BORGH, Roberto Alexandre Zanchetta. Crise econômica internacional e política brasileira de incentivos tributários: uma avaliação a partir dos setores-chave. *Revista Econômica da Universidade Federal Fluminense*, Niterói, v. 15, n. 2, p. 111-138, dez. 2013. Disponível em: http://www.revistaeconomica.uff.br/index.php/revistaeconomica/article/view/76. Acesso em: 30 set. 2017.

BOTELHO, Werner. *Da tributação e sua destinação*. Belo Horizonte: Del Rey, 1994.

BOUVIER, Michel. *Introduction au droit fiscal général et à la théorie de l'impôt*. 7. ed. Paris: L.G.D.J, 2005.

BRASIL. Constituição da República dos Estados Unidos do Brasil. *Diário Oficial da União*, Poder Executivo, Brasília, DF, 19 dez. 1935. Disponível em: http://www.planalto.gov.br/ccivil_03/constituicao/constituicao34.htm. Acesso em: 15 ago. 2017.

BRASIL. Lei n. 5.172, de 25 de outubro de 1966. Dispõe sobre o Sistema Tributário Nacional e institui normas gerais de direito tributário aplicáveis à União, Estados e municípios. *Diário Oficial da União*, Poder Executivo, Brasília, DF: 31 out. 1966. Disponível em: http://www.planalto.gov.br/ccivil_03/leis/L5172Compilado.htm. Acesso em: 30 ago. 2017.

BRASIL. Constituição da República Federativa do Brasil de 1967. *Diário Oficial da União*, Poder Executivo, Brasília, DF, 24 jan. 1967. Disponível em: http://www.planalto.gov.br/ccivil_03/constituicao/constituicao67.htm. Acesso em: 15 ago. 2017.

BRASIL. Decreto-lei n. 288, de 28 de fevereiro de 1967. Altera as disposições da Lei n. 3.173, de 6 de junho de 1957, e regula a Zona Franca de Manaus. *Diário Oficial da União*, Poder Executivo, Brasília, DF, 10 mar. 1967. Disponível em: http://www.planalto.gov.br/ccivil_03/decreto-lei/Del0288.htm. Acesso em: 26 nov. 2017.

BRASIL. Constituição da República Federativa do Brasil de 1988. *Diário Oficial da União*, Poder Legislativo, Brasília, DF, 5 out. 1988. Disponível em: http://www.planalto.gov.br/ccivil_03/constituicao/constituicaocompilado.htm. Acesso em: 13 ago. 2017.

BRASIL. Lei n. 9.503, de 23 de setembro de 1997. Institui o Código de Trânsito Brasileiro. *Diário Oficial da União*, Poder Executivo, Brasília, DF, 24 set. 1997. Disponível em: http://www.planalto.gov.br/ccivil_03/leis/L9503.htm. Acesso em: 13 ago. 2017.

BRASIL. Decreto n. 6.687, de 11 de dezembro de 2008. Altera a Tabela de Incidência do Imposto sobre Produtos Industrializados (TIPI), aprovada pelo Decreto n. 6.006, de 28 de dezembro de 2006, e dá outras providências. *Diário Oficial da União*, Poder Executivo, Brasília, DF, 12 dez. 2008. Disponível em: http://www.planalto.gov.br/ccivil_03/_ato2007-2010/2008/decreto/d6687.htm. Acesso em: 13 ago. 2017.

BRASIL. Decreto n. 6.809, de 30 de março de 2009. Altera a Tabela de Incidência do Imposto sobre Produtos Industrializados (IPI), aprovada pelo Decreto n. 6.006, de 28 de dezembro de 2006. *Diário Oficial da União*, Poder Executivo, Brasília, DF, 31 mar. 2009a. Disponível em: http://www.planalto.gov.br/ccivil_03/_Ato2007-2010/2009/Decreto/D6809.htm. Acesso em: 20 set. 2017.

BRASIL. Decreto n. 7.017, de 26 de novembro de 2009b. Altera os Anexos V e VII do Decreto n. 6.890, de 29 de junho de 2009. *Diário Oficial da União*, Poder Executivo, Brasília, DF, 27 nov. 2009b. Disponível em: http://www.normaslegais.com.br/legislacao/decreto7017_2009.htm. Acesso em: 20 set. 2017.

BRASIL. Decreto n. 7.819, de 3 de outubro de 2012. Regulamenta os arts. 40 a 44 da Lei n. 12.715, de 17 de setembro de 2012, que dispõe sobre o Programa de Incentivo à Inovação Tecnológica e Adensamento da Cadeia Produtiva de Veículos Automotores (Inovar-Auto), e os arts. 5º e 6º da Lei n. 12.546, de 14 de dezembro de 2011, que dispõe sobre redução do Imposto sobre Produtos Industrializados, na hipótese que especifica. *Diário Oficial da União*, Poder Executivo, Brasília, DF, 3 out. 2012a. Disponível em: planalto.gov.br/ccivil_03/_ato2011-2014/2012/decreto/d7819.htm. Acesso em: 1 out. 2017.

BRASIL. Decreto n. 7.716, de 3 de abril de 2012. Regulamenta a Medida Provisória n. 563, de 3 de abril de 2012, na parte em que dispõe sobre regime especial de crédito do Imposto sobre Produtos Industrializados (IPI) a que fazem jus as empresas fabricantes de produtos classificados nos códigos 87.01 a 87.06 da Tabela de Incidência do Imposto sobre Produtos Industrializados (TIPI). *Diário Oficial da União*, Poder Executivo, Brasília, DF, 4 abr. 2012b. Disponível em: http://www.planalto.gov.br/ccivil_03/_ato2011-2014/2012/decreto/d7716.htm. Acesso em: 1 out. 2017.

BRASIL. Receita Federal. *O que é carga tributária?* [s/d.]. Disponível em: https://idg.receita.fazenda.gov.br/acesso-rapido/direitos-e-deveres/educacao-fiscal/folhetos-orientativos/carga-tributraria-dig.pdf. Acesso em: 23 mar. 2017.

BROLLO, Silvia Regina Salau. A extrafiscalidade dos tributos ambientais. *Revista de Doutrina do TRF-4*, Porto Alegre, n. 66, jun. 2015. Disponível em: http://www.revistadoutrina.trf4.jus.br/index.htm?http://www.revistadoutrina.trf4.jus.br/artigos/edicao066/Silvia_Brollo.html. Acesso em: 31 out. 2017.

CALANDRO, Maria Lucrécia. A indústria automobilística brasileira: integração produtiva no Mercosul, regimes automotivos e perspectivas. *Indicadores Econômicos FEE*, Porto Alegre, v. 28, n. 1, p. 116-136, 2000. Disponível em: https://revistas.fee.tche.br/index.php/indicadores/article/view/1661. Acesso em: 20 out. 2017.

CALIENDO, Paulo. A Extrafiscalidade como Instrumento de Implementação dos Direitos Fundamentais Sociais no Brasil. *Revista Jurídica do Cesuca*, Cachoeirinha-RS, v. 2, n. 4, p. 61-86, dez. 2014. Disponível em: http://repositorio.pucrs.br/dspace/bitstream/10923/11542/2/4_A_Extrafiscalidade_como_Instrumento_de_Implementacao_dos_Direitos_Fundamentais_Sociais_no_Brasil.pdf. Acesso em: 20 out. 2017.

CAMPOS, Luís; CANAVEZES, Sara. *Introdução à globalização*. Lisboa: Instituto Bento Jesus Caraça/Departamento de Formação da CGTP-IN, 2007. Disponível em: https://dspace.uevora.pt/rdpc/bitstream/10174/2468/1/Introdu%C3%A7%C3%A3o%20%C3%A0%20Globaliza%C3%A7%C3%A3o.pdf. Acesso em: 20 out. 2017.

CAPUTO, Ana Cláudia; MELO, Hildete Pereira de. A industrialização brasileira nos anos de 1950: uma análise da instrução 113 da SUMOC. *Estudos Econômicos*, São Paulo, v. 39, n. 3, p. 513-538, jul./set. 2009. Disponível em: http://www.scielo.br/scielo.php?script=sci_arttext&pid=S0101-41612009000300003. Acesso em: 5 out. 2017.

CARAVELLI, Flávia Renata Vilela. *Extrafiscalidade*: (re)construção conceitual no contexto do Estado democrático de direito e aplicações no direito tributário. Belo Horizonte: Arraes Editores, 2015.

CARRAZZA, Roque Antonio. *Curso de direito constitucional tributário*. 27. ed. São Paulo, Malheiros, 2011.

CÁRNIO, Thaís Cíntia. *IOF*: teoria, prática e intervenção estatal. São Paulo: Atlas, 2015.

CARRO ANTIGO. *História do carro brasileiro*. [2016]. Disponível em: http://www.carroantigo.com/portugues/indice_ccal.htm. Acesso em: 10 out. 2017.

CARVALHO, Fernando J. Cardim de. Mercado, Estado e teoria econômica: uma breve reflexão. *Econômica*, Rio de Janeiro, v. 1, n. 1, jun. 1999. Disponível em: http://www.ie.ufrj.br/moeda/pdfs/mercado_estado_e_teoria.pdf. Acesso em: 20 out. 2017.

CARVALHO, Paulo de Barros. *Curso de direito tributário*. 14. ed. São Paulo: Saraiva, 2002.

CARVALHO, Paulo de Barros. *Direito tributário, linguagem e método*. 6. ed. São Paulo: Noeses, 2015.

CARVALHO, Cristiano. *Teoria da decisão tributária*. São Paulo: Saraiva, 2012.

CATÃO, Marcos André Vinhas. *Regime jurídico dos incentivos fiscais*. Rio de Janeiro: Renovar, 2004.

CLARK, Giovani. *O município em face do direito econômico*. Belo Horizonte: Del Rey, 2001.

COELHO, Sacha Calmon Navarro. *Teoria geral do tributo e da exoneração tributária*. Belo Horizonte: Del Rey, 2000.

COMITÊ DE PRONUNCIAMENTOS CONTÁBEIS. *Pronunciamento Técnico CPC 25*. Disponível em: http://www.cvm.gov.br/export/sites/cvm/menu/regulados/normascontabeis/cpc/CPC_25_rev_12.pdf. Acesso em: 7 out. 2017.

COMPLIANCE TOTAL. *Processos e controles*. [2017?]. Disponível em: https://www.compliancetotal.com.br/compliance/processos_e_controles. Acesso em: 30 nov. 2017.

CORCOBADO, Miguel Á. Trânsito de São Paulo está na lista dos cinco maiores congestionamentos da história. *El País*, Madrid, 8 maio 2017. Disponível em: https://brasil.elpais.com/brasil/2017/05/08/internacional/1494262753_775936.html. Acesso em: 2 out. 2017.

CORRÊA, Marcelo. Brasil é o 10º país mais desigual do mundo. *O Globo*, Rio de Janeiro, 21 mar. 2017. Disponível em: https://oglobo.globo.com/economia/brasil-o-10-pais-mais-desigual-do-mundo-21094828#ixzz4mqCIOKEY. Acesso em: 14 jul. 2017.

CORREA, Walter Barbosa. *Contribuição ao estudo da extrafiscalidade*. São Paulo: Bentivegna, 1964.

CORREIA NETO, Celso de Barros. *O avesso do tributo*. 2. ed. São Paulo: Almedina, 2016.

COSTA, Alcides Jorge. *Estudos sobre IPI, ICMS, ISS*. São Paulo: Dialética, 2009.

COSTA, Daiane. Zona Franca de Manaus faz 50 anos, com incentivo centenário. *O Globo*, Rio de Janeiro, 6 mar. 2017. Disponível em: https://oglobo.globo.com/economia/zona-franca-de-manaus-faz-50-anos-com-incentivo-centenario-21013725. Acesso em: 22 out. 2017.

CUNHA, Roberto da. *Avaliação dos aspectos tributários do Inovar-Auto*: programa de incentivo a indústria automotiva. 2017. 127 f. Dissertação (Mestrado Profissional em Direito Tributário) – Escola de Direito de São Paulo da Fundação Getulio Vargas, São Paulo, 2017.

DECICINO, Ronaldo. Pedágio urbano: recurso já é usado em várias cidades do mundo. *Uol Educação*, 16 out. 2009. Disponível em: https://educacao.uol.com.br/disciplinas/geografia/pedagio-urbano-recurso-ja-e-usado-em-varias-cidades-do-mundo.htm. Acesso em: 10 set. 2017.

DÓRIA, Antônio Roberto Sampaio. *Princípios constitucionais tributários e a cláusula* due process of law. São Paulo: Revista dos Tribunais, 1964.

DWORKIN, Ronald. *Uma questão de princípio*. 2. ed. São Paulo: Martins Fontes, 2005.

ECODEBATE. *2010, Economia*: crise econômica internacional não se esgotou. Mangaratiba-RJ, 23 dez. 2010. Disponível em: https://www.ecodebate.com.br/2010/12/23/2010-economia-crise-economica-internacional-nao-se-esgotou/. Acesso em: 30 set. 2017.

ECONOMIA NET. *Política fiscal*. [201-]. Disponível em: http://www.economiabr.net/economia/4_politica_fiscal.html. Acesso em: 2 out. 2017.

EDUCABRAS. *Segunda revolução industrial e neocolonianismo*. [2017]. Disponível em: https://www.educabras.com/ensino_medio/materia/historia/historia_geral/aulas/segunda_revolucao_industrial_e_neocolonialismo. Acesso em: 20 out. 2017.

ESPANHA. Ley 230/1963, de 28 de diciembre, General Tributaria. *Noticias Jurídicas*, 1963. Disponível em: http://noticias.juridicas.com/base_datos/Admin/l230-1963.t1.html#a4. Acesso em: 21 out. 2017.

ESTENSSORO, Luis Enrique Rambalducci. *Capitalismo, desigualdade e pobreza na América Latina*. 2003. 286 f. Tese (Doutorado em Sociologia) – Faculdade de Filosofia, Letras e Ciências Humanas, Universidade de São Paulo, São Paulo, 2003. Disponível em: http://www.teses.usp.br/teses/disponiveis/8/8132/tde-23102003-072125/pt-br.php. Acesso em: 20 out. 2017.

FALCÃO, Amílcar de Araújo. *Fato gerador da obrigação tributária*. Rio de Janeiro: Forense, 2002.

FANUCCHI, Fábio. *Curso de direito tributário brasileiro*. 4. ed. São Paulo: Resenha Tributária, 1976.

FARIA, Luiz Alberto Gurgel de. *A extrafiscalidade e a concretização do princípio da redução das desigualdades regionais*. 2009. 188 f. Tese (Doutorado em Direito) – Universidade Federal de Pernambuco, Recife, 2009.

FENABRAVE. *Anuário 2016*. São Paulo: Fenabrave, 2016. Disponível em: http://www3.fenabrave.org.br:8082/plus/modulos/listas/index.php?tac=indices-e-numeros&idtipo=6&id=704&layout=indices-e-numeros. Acesso em: 15 out. 2017.

FERRAZ, Fernando Cardoso. *Crise financeira global*: impactos na economia brasileira, política econômica e resultados. 2013. 104 f. Dissertação (Mestrado em Economia) – Universidade Federal do Rio de Janeiro, Rio de Janeiro, 2013. Disponível em: http://www.ie.ufrj.br/images/pos-graducao/ppge/FernandoFerraz. Acesso em: 29 set. 2017.

FERRAZ JÚNIOR, Tercio Sampaio. *Teoria da norma jurídica*: ensaio de pragmática da comunicação normativa. 5. ed. São Paulo: Atlas, 2016.

FERRAZ, Roberto. O princípio da capacidade contributiva na tributação ambientalmente orientada. *In*: FERRAZ, Roberto (coord.). *Princípios e limites da tributação 2*: os princípios da ordem econômica e a tributação. São Paulo: Quartier Latin, 2009.

FERREIRA, Marcelo Marchine; SALES, Denise Galdino; SILVA, Suzana Ferreira da. O impacto da política fiscal de IPI na arrecadação dos tributos federais. *In*: ENCONTRO PARANAENSE DE PESQUISA E EXTENSÃO EM CIÊNCIAS SOCIAIS APLICADAS. 7., 2011. Campo Mourão. *Anais*... Campo Mourão: Faculdade Estadual de Ciências e Letras de Campo Mourão, 2011.

FIGUEIREDO, Leonardo Vizeu. *Lições de direito econômico*. Rio de Janeiro: Forense, 2006.

FIGUEIREDO, Mariana Filchtiner; SARLET, Ingo Wolfgang. Reserva do possível, mínimo existencial e direito à saúde: algumas aproximações. *Revista de Doutrina da 4ª Região*, Porto Alegre, n. 24, jul. 2008. Disponível em: http://www.revistadoutrina.trf4.jus.br/index.htm?http://www.revistadoutrina.trf4.jus.br/artigos/edicao024/ingo_mariana.html. Acesso em: 20 out. 2017.

FRANCK, Robert H. *Microeconomia e comportamento*. 8. ed. Porto Alegre: AMGH, 2013.

GLOBO.COM. Rio de Janeiro é uma das 10 cidades mais congestionadas do mundo, diz pesquisa. *G1*, Rio de Janeiro, 21 fev. 2017. Disponível em: https://g1.globo.com/carros/noticia/mesmo-com-melhora-rio-e-uma-das-10-cidades-mais-congestionadas-do-mundo.ghtml. Acesso em: 2 out. 2017.

GODOY, Bruna Mozini; LORETI, Nicolle Crivellaro; MONTEIRO, Priscila Possidente. Aspectos relevantes sobre o impacto gerado pela redução das alíquotas do IPI para veículos na arrecadação do IPVA pelos Estados. *Revista de Direito Público*, Londrina, v. 5, n. 2, p. 43-54, ago. 2010.

GOUVÊA, Marcus de Freitas. *A extrafiscalidade no direito tributário*. Belo Horizonte: Del Rey, 2006.

GRAU, Eros Roberto. *A ordem econômica na Constituição de 1988*: interpretação e crítica. 14. ed. São Paulo: Malheiros, 2010.

HOUAISS, Antônio. *Dicionário Houaiss da Língua Portuguesa*. Rio de Janeiro: Objetiva, 2001.

HUGON, Paul. *O imposto*. São Paulo: Renascença, 1945.

HUGON, Paul. *Teoria moderna e principais sistemas*. São Paulo: Renascença, 1945.

INSTITUTO BRASILEIRO DE GEOGRAFIA E ESTATÍSTICA. *Indicadores sociais*: PIB. [2017]. Disponível em: https://agenciadenoticias.ibge.gov.br/agencia-sala-de-imprensa/2013-agencia-de-noticias/releases/13983-asi-em-2010-pib-varia-75-e-fica-em-r-3675-trilhoes. Acesso em: 30 set. 2017.

INSTITUTO BRASILEIRO DE GEOGRAFIA E ESTATÍSTICA. *Séries históricas e estatísticas*. [2017]. Disponível em: https://seriesestatisticas.ibge.gov.br/series.aspx?vcodigo=ST12. Acesso em: 13 out. 2017.

ITGREEN. Inovação e sustentabilidade. *7 cidades que estão reduzindo o uso do carro*. [2017]. Disponível em: http://www.itgreen.org.br/?mobilidade=7-cidades-que-estao-reduzindo-o-uso-do-carro. Acesso em: 25 jun. 2019.

KALINOSKI, Sandra de Fátima. *As cicatrizes da censura*: memória, melancolia e fragmentação na ficção brasileira pós-64. 2011. 160 f. Dissertação (Mestrado em Letras) – Universidade Regional Integrada Alto Uruguai e das Missões, Frederico Westphalen, 2011. Disponível em: http://www.fw.uri.br/NewArquivos/pos/dissertacao/20.pdf. Acesso em: 9 jul. 2017.

LACOMBE, Américo Masset; PEIXOTO, Marcelo Magalhães (coord.). *Comentários ao Código Tributário Nacional*. São Paulo: MP Editora, 2005.

LEÃO, Carina; GOULART, Letícia. O Inovar-Auto e os investimentos em P&D no setor automotivo. INVENTTA-BGI:

financial resources for technological innovation. *In: SlideShare*, 30 nov. 2012. Disponível em: https://docplayer.com.br/6099346-O-inovar-auto-e-os-investimentos-em-p-d-no-setor-automotivo.html. Acesso em: 3 out. 2017.

LEÃO, Martha Toribio. *Controle da extrafiscalidade*. São Paulo: Quartier Latin, 2015.

LIMA, Pedro Garrido da Costa. Evolução recente da indústria automotiva. *Estudo Técnico*. Brasília-DF: Consultoria Legislativa, 2016. Disponível em: http://www2.camara.leg.br/a-camara/documentos-e-pesquisa/estudos-e-notas-tecnicas/areas-da-conle/tema10/2016_14309_evolucao-recente-da-industria-automotiva_pedro-garrido. Acesso em: 17 out. 2017.

LUCENA, Glauber. Intervenção estatal nas crises econômicas: breve análise jurídico-econômica dos instrumentos governamentais brasileiros para a indução de sua economia em 2008/2009. *Direito e Desenvolvimento*, João Pessoa, v. 1, n. 2, p. 161-173, maio 2017. Disponível em: https://periodicos.unipe.br/index.php/direitoedesenvolvimento/article/view/154. Acesso em: 15 out. 2017.

MACHADO, Hugo de Brito. *Curso de direito tributário*. 34. ed. São Paulo: Malheiros, 2013.

MACHADO, Hugo de Brito. *Teoria geral do direito tributário*. São Paulo: Malheiros, 2015.

MACHADO SEGUNDO, Hugo de Brito. Regime jurídico dos incentivos fiscais. In: MACHADO, Hugo de Brito (org.). *Regime jurídico dos incentivos fiscais*. São Paulo: Malheiros, 2015.

MANKIW, N. Gregory. *Introdução à economia*. Tradução de Maria José Cyhlar Monteiro. 5. ed. Rio de Janeiro: Campus, 2010.

MARTELLO, Alexandro. Mantega anuncia que desoneração da folha será permanente. *Globo.com*, Rio de Janeiro, 27 maio 2014. Disponível em: http://g1.globo.com/economia/noticia/2014/05/mantega-anuncia-que-desoneracao-da-folha-sera-permanente.html. Acesso em: 27 dez. 2017.

MARTINS, Ives Gandra da Silva. *Imunidade do papel para imprensa*: inexistência de restrição constitucional ao seu uso – restrições infraconstitucionais impostas pela União e Estados, que dificultam ou inviabilizam seu uso, são inconstitucionais – inteligência das INs SRF 71/01, 976/09, 1.011 e 1.048/2010 e da Lei n. 11.945/09, assim como do Decreto n. 45.490/09 e Portarias CAT 14, 46, 103/2010 e 114/2010 – Parecer. São Paulo, 2010.

MARTINS, Ives Gandra da Silva. *As contribuições de intervenção no domínio econômico e a Constituição*. 15 ago. 2001. Disponível em: http://www.gandramartins.com.br/project/ives-gandra/public/uploads/2013/02/06/31700a0artigo_29.pdf. Acesso em: 18 dez. 2017.

MEIRELLES, Hely Lopes. *Estudos e pareceres de direito público VIII*: assuntos administrativos em geral. São Paulo: Revista dos Tribunais, 1984.

MELLO, Bruno Cardoso Bandeira de. O papel da redução do IPI no combate aos efeitos da crise econômica mundial no Brasil. *Âmbito Jurídico*, Rio Grande, v. 13, n. 82, nov. 2010. Disponível em: http://www.ambito-juridico.com.br/site/?n_link=revista_artigos_leitura&artigo_id=8640. Acesso em: 1 out. 2017.

MENDES, Guilherme Adolfo dos Santos. *Extrafiscalidade*: análise semiótica. 2009. 319 f. Tese (Doutorado em Direito) – Faculdade de Direito do Largo de São Francisco, Universidade de São Paulo, São Paulo, 2009.

MENDONÇA, Luis Geraldo. *Elementos a serem considerados na concessão de crédito ao consumidor*. 2002. 97 f. Dissertação (Mestrado em Administração Pública) – Fundação Getulio Vargas, Rio de Janeiro, 2002. Disponível em: http://bibliotecadigital.fgv.br/dspace/bitstream/handle/10438/4097/000308581.pdf. Acesso em: 30 set. 2017.

MIGUEZ DE MELLO, Gustavo; SIMÕES, Luiz Carlos Marques. Regime Jurídico dos Incentivos Fiscais. *In*: MACHADO, Hugo de Brito (org.). *Regime Jurídico dos Incentivos Fiscais*. São Paulo: Malheiros, 2015.

MINISTÉRIO DA FAZENDA. *Trabalho da comissão especial do Código Tributário Nacional*. Rio de Janeiro: Senado Federal, 1954. Disponível em: http://www2.senado.leg.br/bdsf/item/id/511517. Acesso em: 21 ago. 2017.

MINISTÉRIO DA INDÚSTRIA, COMÉRCIO EXTERIOR E SERVIÇOS. *Inovar-Auto*. [2017]. Disponível em: http://www.mdic.gov.br/index.php/competitividade-industrial/principais-acoes-de-desenvolvimento-industrial/brasil-produtivo/acordos-internacionais-3. Acesso em: 15 out. 2017.

MINISTÉRIO DO DESENVOLVIMENTO AGRÁRIO. *Plano safra da agricultura familiar fortalece e amplia políticas públicas*. [201-?]. Disponível em: https://cms20.happybiz.com.br/Arquivos/Empresa_020CONTEUDO_00000043_Anexos/ Original/020000000430018_0.pdf. Acesso em: 23 out. 2017.

MINISTÉRIO DO PLANEJAMENTO. *Sobre o PAC*. [2017]. Disponível em: http://www.pac.gov.br/sobre-o-pac. Acesso em: 1 out. 2017.

MIRANDA, Arnulfo Sanchez. *Aplicación práctica del código fiscal*: derecho fiscal. México: Empresa Editorial. Ediciones Fiscales ISEF, 2017.

MONTEIRO JUNIOR, Nelson. *A tributação do consumo no Brasil e seus efeitos*: análise e proposta de mitigação dos efeitos da regressividade inerente a esta modalidade de tributação. 2016. 88 f. Dissertação (Mestrado Profissional em Direito Tributário) – Escola de Direito da Fundação Getulio Vargas, São Paulo, 2016.

MURDVEE, Mart. *Compilação da obra* The Psychology of the Tax Behavior, *de autoria de Erick Kirchler*. 2013-2014. Disponível em: https://www.ttu.ee/public/m/mart-murdvee/EconPsy/6/8._EconPsy_-_Psychology_of_Tax_Behaviour.pdf. Acesso em: 10 out. 2018.

NABAIS, José Cabalta. A Constituição fiscal portuguesa e alguns dos seus desafios. *In*: NUNES, António José Avelãs, COUTINHO, Jacinto Nelson de Miranda (org.). *Diálogos constitucionais:* Brasil/Portugal. Rio de Janeiro: Renovar, 2004.

NEVES, Marcelo. *A constitucionalização simbólica*. São Paulo: Acadêmica, 1994.

NÔMADES DIGITAIS. *7 cidades pelo mundo que estão se livrando dos carros*. [2015?]. Disponível em: http://nomadesdigitais.com/7-cidades-pelo-mundo-que-estao-se-livrando-dos-carros/. Acesso em: 10 set. 2017.

NUNES, Moema Pereira; COSTA, Sabrina Link; CLÓS, João Paulo S. S. O Inovar-Auto e sua contribuição para o desenvolvimento do setor automotivo: uma análise com foco regional no Rio Grande Sul. *Desenvolvimento em Questão*, Unijuí, ano 14, n. 34, p. 237-272, abr./jun. 2016.

OLIVEIRA, Diego Farias de. Avaliação da desoneração do IPI e os efeitos nas finanças dos municípios de Alagoas. *In*: CONGRESSO NACIONAL DE MESTRADOS PROFISSIONAIS EM ADMINISTRAÇÃO PÚBLICA, 1., 2016. Curitiba-PR. *Anais...* Curitiba, 2016.

Disponível em: http://www.profiap.org.br/profiap/eventos/2016/i-congresso-nacional-de-mestrados-profissionais-em-administracao-publica/anais-do-congresso/40631.pdf. Acesso em: 10 set. 2017.

Oliveira, José Marcos Domingues de. *Direito tributário e meio ambiente*: proporcionalidade, tipicidade aberta, afetação da receita. 2. ed. Rio de Janeiro: Renovar, 1999.

Oliveira, José Marcos Domingues de. O conteúdo da extrafiscalidade e o papel das Cides: efeitos decorrentes da não utilização dos recursos arrecadados ou da aplicação em finalidade diversa. *Revista Dialética de Direito Tributário*, São Paulo, n. 131, p. 45-59, mar. 2006.

Oliveira, Regis Fernandes de. *Curso de direito financeiro*. São Paulo: Revista dos Tribunais, 2014.

Olmos, Marli. Indústria automobilística já acumula cinco décadas de apoio oficial. *Valor Econômico*, São Paulo, 14 maio 2008. Disponível em: http://www.inda.org.br/exibeclip.php?perfil=227. Acesso em: 10 out. 2017.

Pacobahyba, Fernanda Mara de Oliveira Macedo Carneiro. *Simples Nacional e extrafiscalidade*: o microempreendedor individual no direito tributário nacional. Belo Horizonte: Arraes Editores, 2014.

Parreiras, Mateus. Engarrafamentos fazem do trânsito de BH o pior proporcionalmente entre as grandes capitais. *Jornal do Estado de Minas Gerais*, Belo Horizonte, 25 nov. 2012. Disponível em: https://www.em.com.br/app/noticia/gerais/2012/11/25/interna_gerais,331931/engarrafamentos-fazem-do-transito-de-bh-o-pior-proporcionalmente-entre-as-grandes-capitais.shtml. Acesso em: 2 out. 2017.

Pereira, Jaime Aneiros. El sistema tributario como instrumento de reactivación económica. *El Cronista*, n. 17, enero 2011. Disponível em: http://www.iustel.com/v2/revistas/detalle_revista.asp?id_noticia=411687&d=1. Acesso em: 20 out. 2017.

PORTAL BRASIL. *Governo prepara política para a indústria automotiva*. 2017. Disponível em: http://www.brasil.gov.br/economia-e-emprego/2017/04/governo-prepara-politica-para-a-industria-automotiva. Acesso em: 14 out. 2017.

Piketty, Thomas. *O capital no século XXI*. Rio de Janeiro: Intrínseca, 2014.

Reale, Miguel. *O Estado democrático de direito e o conflito de ideologias*. 3. ed. São Paulo: Saraiva, 2005.

Reinert, José C. *História da marca FNM*. 2007. Disponível em: https://alfafnm.com/historia-da-fnm/. Acesso em: 1 out. 2017.

Rezende, Frederico. O modelo de cadeia de valor de Michael Porter. *Gestão por processos e projetos*, 30 jan. 2015. Disponível em: http://www.gestaoporprocessos.com.br/o-modelo-de-cadeia-de-valor-de-michael-porter/. Acesso em: 24 set. 2017.

Rocha, Arlindo Carvalho. *Realização do potencial de* accountability *dos pareceres prévios do Tribunal de Contas do Estado de Santa Catarina*. 2011. 336 f. Tese (Doutorado em Administração) – Universidade Federal da Bahia, Salvador, 2011.

Rossetti, José Paschoal. *Introdução à economia*. 21. ed. São Paulo: Atlas, 2016.

Salomão, Gabriel Duvra. *Um passeio pela história automotiva brasileira*. 2015. Disponível em: www.formula.ufscar.br. Acesso em: 10 out. 2017.

Samuelson, Paul A. *Economia*. Porto Alegre: AMGH, 2012.

SARLET, Ingo Wolfgang. *A eficácia dos direitos fundamentais*: uma teoria geral dos direitos fundamentais na perspectiva constitucional. 12. ed. Porto Alegre: Livraria do Advogado, 2014.

SCHOUERI, Luís Eduardo. *Normas tributárias indutoras e intervenção econômica*. Rio de Janeiro: Forense, 2005.

SCHOUERI, Luís Eduardo. Livre concorrência e tributação. *In*: ROCHA, Valdir de Oliveira (coord.). *Grandes questões atuais do direito tributário*. São Paulo: Dialética, 2007. v. 11.

SCHOUERI, Luís Eduardo. *Direito tributário*. 6. ed. São Paulo: Saraiva, 2016.

SEBASTIÃO, Simone Martins. *Tributo ambiental*: extrafiscalidade e função promocional do direito. Curitiba: Juruá, 2011.

SENADO FEDERAL. *Trabalhos da Comissão Especial do Código Tributário Nacional*. Rio de Janeiro: Ministério da Fazenda, 1954. Disponível em: http://www2.senado.leg.br/bdsf/item/id/511517. Acesso em: 15 ago. 2017.

SENADO FEDERAL. Desonerações afetam municípios. *Em Discussão*: Revista de audiências públicas do Senado Federal. Brasília, DF, ano 4, n. 16, p. 33, jul. 2013. Disponível em: https://www.senado.gov.br/NOTICIAS/JORNAL/EMDISCUSSAO/upload/201303%20-%20julho/pdf/em%20discuss%C3%A3o!_julho_2013_internet.pdf. Acesso em: 26 set. 2017.

SENADO FEDERAL. Superávit primário. *Senado Notícias*, Brasília, DF. [2015?]. Disponível em: https://www12.senado.leg.br/noticias/entenda-o-assunto/superavit. Acesso em: 20 out. 2017.

SENADO FEDERAL. Projeto permite uso dos recursos do Fust para ampliar a internet em banda larga. *Senado Notícias*, Brasília, DF, 27 jul. 2017. Disponível em: http://www12.senado.leg.br/noticias/audios/2017/07/projeto-permite-uso-de-recursos-do-fust-para-ampliar-a-internet-em-banda-larga. Acesso em: 20 ago. 2017.

SILVA, Fabio Veloso Vicente da. *Análise das estratégias competitivas dentro da indústria automobilística*. 2007. 124 f. Dissertação (Mestrado em Administração) – Pontifícia Universidade Católica do Rio de Janeiro, Rio de Janeiro, 2007. Disponível em: https://www.maxwell.vrac.puc-rio.br/10114/10114_1.PDF. Acesso em: 22 out. 2017.

SILVA, Juliana Giovanetti Pereira da; ANTUNES FILHO, Apolo. O fenômeno da globalização e a sua origem. *In*: MOSTRA ACADÊMICA DA UNIMEP, CONGRESSO DE PÓS-GRADUAÇÃO, 12.; 2014, Piracicaba-SP. *Resumo simplificado*. Piracicaba-SP: Unimep, 2014. Disponível em: http://www.unimep.br/phpg/mostraacademica/anais/12mostra/8/337.pdf. Acesso em: 20 out. 2017.

SILVA, José Afonso da. *Aplicabilidade das normas constitucionais*. 3. ed. São Paulo: Malheiros, 1998.

SILVA, José Afonso da. *Curso de direito constitucional positivo*. 32. ed. São Paulo: Malheiros, 2009.

SILVA, Eric Moraes Castro. Os benefícios tributários do programa Inovar-Auto e os princípios da nação mais favorecida e do tratamento nacional: uma análise dos argumentos dos painéis atualmente em curso contra o Brasil no órgão de solução de controvérsias da OMC. *Revista de Direito Internacional*, Brasília, DF, v. 13, n. 3, p. 211-234, 2016. Disponível em: https://publicacoesacademicas.uniceub.br/rdi/article/view/4164/pdf. Acesso em: 1 out. 2017.

SILVEIRA, Alexandre Coutinho da; SCAFF, Fernando Facury. Incentivos fiscais na federação brasileira. *In*: MACHADO, Hugo de Brito (org.). *Regime jurídico dos incentivos fiscais*. São Paulo: Malheiros, 2015.

SIMÕES, Edson. *Tribunais de Contas*: controle externo das contas públicas. São Paulo: Saraiva, 2014.

SOARES, Pedro. Varejo e indústria não repassam corte do IPI. *Folha de S.Paulo*, São Paulo, 29 jun. 2009. Disponível em: http://www1.folha.uol.com.br/fsp/dinheiro/fi2906200903.htm. Acesso em: 23 mar. 2017.

SOBRAL, Lilian. 7 desafios econômicos em que o Brasil precisa encarar. *Exame*, São Paulo, 20 ago. 2012. Disponível em: http://exame.abril.com.br/economia/7-desafios-economicos-que-o-brasil-precisa-encarar/. Acesso em: 24 set. 2017.

SOUSA, Rubens Gomes de. *Compêndio de legislação tributária*. São Paulo: Resenha Tributária, 1975.

SOUSA, Rainer Gonçalves. Escravidão no Brasil. *Brasil Escola*, [2018?]. Disponível em: http://brasilescola.uol.com.br/historiab/escravidao-no-brasil.htm. Acesso em: 10 jan. 2018.

SOUZA, Alexandre. Pequenos negócios são os maiores geradores de empregos no país. *Sebrae*, Santa Catarina, 16 out. 2013. Disponível em: http://blog.sebrae-sc.com.br/pequenos-negocios-sao-os-maiores-geradores-de-empregos-no-pais/. Acesso em: 4 out. 2017.

STEINMETZ, Wilson Antônio. *Colisão de direitos fundamentais e princípio da proporcionalidade*. Porto Alegre: Livraria do Advogado, 2001.

STRECK, Lenio Luiz; MORAIS, José Luís Bolzan de. *Ciência política e teoria do Estado*. 7. ed. Porto Alegre: Livraria do Advogado, 2010.

SUPERINTENDÊNCIA DA ZONA FRANCA DE MANAUS. *O que é Suframa?* 2017. Disponível em: http://www.suframa.gov.br/suframa_o_que_e_suframa.cfm. Acesso em: 22 out. 2017.

SUPERIOR TRIBUNAL DE JUSTIÇA. *Recurso Especial n. 734.403-RS (2005/0042482-4) 22/06/2010*, Recorrente: Phillip Morris Brasil S/A. Recorrido: Fazenda Nacional. Relator: Ministro Mauro Campbell Marques. Brasília, 22 de junho de 2010. Disponível em: https://stj.jusbrasil.com.br/jurisprudencia/16801907/recurso-especial-resp-734403-rs-2005-0042482-4/inteiro-teor-16801908#. Acesso em: 1 out. 2017.

SUPERIOR TRIBUNAL DE JUSTIÇA. *Petição de Recurso Especial OfPet n. 1190231-RJ*. Relator Ministro Teori Albino Zavascki. DJ. 01/04/2011.

SUPERIOR TRIBUNAL DE JUSTIÇA. *REsp: 965.078 SP 2006/0263624-3*, Relator: Ministro Herman Benjamin, Data de Julgamento: 20 ago. 2009, T2 – Segunda Turma, Data de Publicação: DJe 27/04/2011. Disponível em: https://stj.jusbrasil.com.br/jurisprudencia/19111135/recurso-especial-resp-965078-sp-2006-0263624-3/inteiro-teor-19111136?ref=juris-tabs. Acesso em: 28 dez. 2017.

SUPERIOR TRIBUNAL DE JUSTIÇA. *REsp: 1.158.999 SC 2009/0186445-0*, Relator: Ministra Eliana Calmon, Data de Julgamento: 05/08/2010, T2 – Segunda Turma, Data de Publicação: DJe 17/08/2010. Disponível em: https://stj.jusbrasil.com.br/jurisprudencia/15913008/recurso-especial-resp-1158999-sc-2009-0186445-0/inteiro-teor-16837289?ref=juris-tabs. Acesso em: 29 dez. 2017.

SUPREMO TRIBUNAL FEDERAL. *RE: 627.543 RS*, Relator: Min. Dias

Toffoli, Data de Julgamento: 30 out. 2013, Tribunal Pleno, Data de Publicação: Acórdão Eletrônico. Disponível em: https://stf.jusbrasil.com.br/jurisprudencia/25342655/recurso-extraordinario-re-627543-rs-stf/inteiro-teor-159438314. Acesso em: 5 jan. 2018.

SUPREMO TRIBUNAL FEDERAL. *RE 347.781 AgR*, Relator: Min. Dias Toffoli, Segunda Turma, julgado em 19 maio 2017, Acórdão Eletrônico DJe-114 Divulg 30-05-2017 Public 31-05-2017. Disponível em: http://portaljustica.com.br/acordao/2032833. Acesso em: 3 jan. 2018.

SUPREMO TRIBUNAL FEDERAL. *AG. REG.: 752.117 MG*, Relator: Min. Teori Zavascki, Data de Julgamento: 1 out. 2013, Segunda Turma, Data de Publicação: Acórdão Eletrônico DJe-207 Divulg 17-10-2013 Public 18-10-2013. Disponível em: https://stf.jusbrasil.com.br/jurisprudencia/24271614/agreg-no-recurso-extraordinario-com-agravo-are-752117-mg-stf/inteiro-teor-111959608. Acesso em: 10 nov. 2017.

SUPREMO TRIBUNAL FEDERAL. *RE: 525.802 SE*, Relator: Min. Ricardo Lewandowski, Data de Julgamento: 7 maio 2013, Segunda Turma, Data de Publicação: Acórdão Eletrônico DJe-096 Divulg 21-05-2013, Public 22-05-2013. Disponível em: https://stf.jusbrasil.com.br/jurisprudencia/23293962/agreg-no-recurso-extraordinario-re-525802-se-stf/inteiro-teor-111672334?ref=juris-tabs. Acesso em: 28 dez. 2017.

SUPREMO TRIBUNAL FEDERAL. *Ação Direta de Inconstitucionalidade (ADI) 1.763 MC*, Relator: Min. Sepúlveda Pertence, Tribunal Pleno, julgado em 20/08/1998, DJ 26-09-2003 PP-00005 Ement vol.-02125-01 PP-00095 RTJ VOL-00191-01 PP-00070. Disponível em: http://redir.stf.jus.br/paginadorpub/paginador.jsp?docTP=TP&docID=402868. Acesso em: 2 jan. 2018.

SUPREMO TRIBUNAL FEDERAL. *RE 188.951 SP*, Relator: Min. Mauricio Corrêa, Segunda Turma, julgado em 16/05/1995, DJ 15-09-1995 PP-29585 Ement VOL-01800-19 PP-03844. Disponível em: https://stf.jusbrasil.com.br/jurisprudencia/14704083/recurso-extraordinario-re-188951-sp. Acesso em: 13 nov. 2017.

SUPREMO TRIBUNAL FEDERAL. *RE 159.026 SP*. Relator: Min. Ilmar Galvão, Primeira Turma, julgado em 30/08/1994, DJ 12-05-1995 PP-12997 Ement VOL-01786-03 PP-00542. Disponível em: https://stf.jusbrasil.com.br/jurisprudencia/14705596/recurso-extraordinario-re-159026-sp. Acesso em: 25 nov. 2017.

SUPREMO TRIBUNAL FEDERAL. *Ação Direta de Inconstitucionalidade n. 1.276-2 SP*. Relatora Ministra Ellen Gracie. Tribunal Pleno, unanimidade, ADI 1.276/SP, 19 ago. 2002. Disponível em: http://redir.stf.jus.br/paginadorpub/paginador.jsp?docTP=AC&docID=385467. Acesso em: 27 nov. 2017.

THOMPSON, Artur A.; FORMBY, John P. *Microeconomia da firma*: teoria e prática. 6. ed. Rio de Janeiro: Prentice-Hall do Brasil, 1998.

TIPKE, Klaus; LANG, Joachim. *Direito tributário* (Steuerrecht). Tradução de Luiz Dória Furquim. Porto Alegre: Sergio Antonio Fabris Editor, 2008. v. 1.

TÔRRES, Heleno Taveira. Isenções no ICMS: limites formais e materiais. Aplicação da LC n. 24/75. Constitucionalidade dos chamados convênios autorizativos. *Revista Dialética de Direito Tributário*, São Paulo, n. 72, p. 88-93, set. 2001.

TORRES, Ricardo Lobo. *Tratado de direito constitucional, financeiro e tributário*. 2. ed. Rio de Janeiro: Renovar, 2000. v. 5.

TREVIZANI, Ana Paula de Souza Bandeira; FARIA, Ana Cristina de. Impactos tributários do Inovar-Auto em uma montadora de veículos automotores na região do Grande ABC (SP). *In*: SIMPÓSIO INTERNACIONAL DE GESTÃO DE PROJETOS, 3.; SIMPÓSITO INTERNACIONAL DE INOVAÇÃO E SUSTENTABILIDADE, 2.; 2014. São Paulo-SP. *Anais eletrônico...* São Paulo: Uninove, 2014. Disponível em: https://singep.org.br/3singep/resultado/175.pdf. Acesso em: 1 out. 2017.

TRIBUNAL DE CONTAS DA UNIÃO. *TC 008.293/2015-5*. Relatório de levantamento. Grupo I – Classe V. – Plenário. 2016, p. 27. Disponível em: http://portal.tcu.gov.br/lumis/portal/file/fileDownload.jsp?fileId=8A8182A25232C6DE015260487A990BD2&inline=1. Acesso em: 19 ago. 2017.

TRIBUNAL DE CONTAS DA UNIÃO. *Gestão de políticas públicas de renúncia tributária do MCTI e MDIC*, [s/d]. Disponível em: http://portal.tcu.gov.br/data/files/78/E6/57/8E/277B951091EE6B952A2818A8/Gest_o%20de%20pol_ticas%20p_blicas%20de%20ren_ncia%20tribut_ria%20no%20MCTI%20e%20MDIC.pdf. Acesso em: 1 out. 2017.

TRIBUNAL DE CONTAS DA UNIÃO. *Acórdão n. 713/2014 – Plenário*. Disponível em: http://www.mpc.es.gov.br/wp-content/uploads/2014/07/Acordao-TCU-713-2014-Plenario.pdf. Acesso em: 12 out. 2017.

TRIBUNAL DE CONTAS DA UNIÃO. *TC 020.911/2013-0. Grupo I – Classe VII – Plenário*. s/d Disponível em: http://www.mpc.es.gov.br/wp-content/uploads/2014/07/Acordao-TCU-713-2014-Plenario.pdf. Acesso em: 20 out. 2017.

TRIBUNAL REGIONAL FEDERAL DA 3ª REGIÃO. *TRF-3 – Apelação em Mandado de Segurança*: AMS: 604 SP 2002.61.00.000604-8, Relator: Juiz Convocado Leonel Ferreira, Data de Julgamento: 22 out. 2010, Judiciário em Dia – Turma D. Disponível em: https://trf-3.jusbrasil.com.br/jurisprudencia/17838596/apelacao-em-mandado-de-seguranca-ams-604-sp-20026100000604-8-trf3. Acesso em: 27 dez. 2017.

UNESP. Universidade Estadual Paulista "Júlio de Mesquita Filho". *Manual de Importação da UNESP*. Pró-Reitoria de Administração. São Paulo: UNESP, 2013. p. 13. Disponível em: http://www.google.com.br/url?sa=t&rct=j&q=&esrc=s&source=web&cd=6&ved=0ahUKEwi3jOioq8vWAhXEWBQKHXLoDdEQFghQMAU&url=http%3A%2F%2Fwww.unesp.br%2Fprad%2Fimportacao%2Fmanual-importacao.pdf&usg=AFQjCNFHtEzGVc1lzU3Pb8JY55VXq6NY7w. Acesso em: 29 set. 2017.

ÚNICA. União da Indústria da Cana-de-açúcar. *Produção*: consulta. [2017]. Disponível em: http://www.unicadata.com.br/historico-de-producao-e-moagem.php?idMn=31&tipoHistorico=2. Acesso em: 2 out. 2017.

UNICEF-BRASIL. *Declaração Universal dos Direitos Humanos*. Adotada e proclamada pela Assembleia Geral das Nações Unidas (Resolução 217 A III) em 10 de dezembro de 1948. Disponível em: https://www.unicef.org/brazil/pt/resources_10133.htm. Acesso em: 12 dez. 2017.

VARONA ALABERN, Juan Enrique. *Extrafiscalidad y dogmática tributaria*. Madrid: Marcial Pons, 2009.

VOSGERAU, Douglas; RIBEIRA, Marcelo Miranda. As perspectivas da neutralidade tributária, da extrafiscalidade e da livre concorrência diante da substituição tributária e da tributação monofásica. *In*: FOLMANN, Melissa; GONÇALVES, Oksandro Osdival (coord.). *Tributação, concorrência & desenvolvimento*. Curitiba: Juruá, 2013.

XAVIER, Juliana Benício. *A redução e isenção do imposto sobre produtos industrializados em favor da indústria automobilística no Brasil*: uma análise sob o ponto de vida da eficácia da Constituição da República Federativa do Brasil. Dissertação (Mestrado em Direito) – Pontifícia Universidade Católica de Minas Gerais, Belo Horizonte, 2014.

WILBERT, Marcelo Driemeyer; SERRANO, André Luís Marques; GONÇALVES, Rodrigo de Souza *et al.* Redução do imposto sobre produtos industrializados e seu efeito sobre a venda de automóveis no Brasil: uma análise do período de 2006 a 2013. *Revista Contemporânea de Contabilidade*, Florianópolis, v. 11, n. 24, p. 107-124, set./dez. 2014. Disponível em: https://periodicos.ufsc.br/index.php/contabilidade/article/view/2175-8069.2014v11n24p107. Acesso em: 30 set. 2018.

WIZIACK, Júlio; CARNEIRO, Mariana. Governo não avalia efeito de programas de isenção fiscal, diz TCU. *Folha de S.Paulo*, São Paulo, 12 jun. 2016. Disponível em: http://www1.folha.uol.com.br/mercado/2016/06/1780671-pais-nao-ve-contrapartida-de-isencao-fiscal-diz-tcu.shtml. Acesso em: 2 out. 2017.

WOLFFENBÜTTEL, Andréa. O que é: Índice Gini. *Desafios do Desenvolvimento*, Brasília, DF, ano 1, ed. 4, 2004. Disponível em: http://www.ipea.gov.br/desafios/index.php?option=com_content&id=2048:catid=28&Itemid=23. Acesso em: 18 dez. 2017.

ZILVETI, Fernando Aurelio. *Princípios de direito tributário e a capacidade contributiva*. São Paulo: Quartier Latin, 2004.